Eucharistiefeiern für Schüler

Karl Kirchhofer / Maurus Amrhein

Eucharistiefeiern für Schüler

3.—6. Klasse

Karl Kirchhofer / Maurus Amrhein

Rex-Verlag Luzern/München

Imprimatur:
Solothurn, 27. April 1976
Der Generalvikar: Dr. Alois Rudolf von Rohr

Druck: A. Röthlin, Sins

Einband: Verlagsbuchbinderei An der Reuß AG, Luzern

ISBN 3 7252 0286 9

Gewidmet:

Herrn Bischof Dr. Otmar Mäder
dem Menschlich-Logischen

und

Herrn Weihbischof Dr. Otto Wüst
dem Logisch-Menschlichen

Inhalt

Zur Einführung 9

Thematische Gottesdienstreihe A 13
Jesus-Begegnungen

1. Der Wunschtraum: «Jesus begegnen» . . 15
2. Menschen verspotten Jesus 21
3. Jesus liebt alle — er will allen begegnen . 26
4. Jesus beachtet alle — nicht nur die «Wichtigen» 31
5. Jesus begegnet uns heute 36

29. Sonntag im Jahreskreis / Lesejahr B . . 42
Groß sein im Sinne Jesu

30. Sonntag im Jahreskreis / Lesejahr B . . 52
Glück verpflichtet

Thematische Gottesdienstreihe B 61
Geht Sterben nur Erwachsene an?

1. Der Vater ist gestorben 63
2. Nicht nur Erwachsene und Alte sterben . 72
3. Wir haben Angst — was ist nach dem Tod? . 78

Thematische Gottesdienstreihe C 87
Advent — Menschen warten

1. An den Flüssen Babylons — Das Volk Gottes wartet 88
2. Heute warten Menschen überall 95
3. Wir warten 103

1. Fastensonntag / Lesejahr C 107
Auf dem rechten Weg bleiben

2. Fastensonntag / Lesejahr C 114
Mehr als ein Mensch

3. Fastensonntag / Lesejahr C 122
Die Gnadenfrist

Zur Einführung

Erfreuliche Tatsache

Es ist beachtenswert, wie viele Pfarreien sich heute der Liturgiefeiern für die Schulanfänger annehmen. Eine große Zahl von Müttern, Vätern, Katecheten und Lehrern engagieren sich für einen Gottesdienst, der dem Alter, dem Milieu, der Reife, der Aufnahmebereitschaft, der geistigen Behinderung und etwaigen Lernbehinderung entspricht. Eltern und stille Beobachter können unschwer feststellen, wie die Freude an «ihrem Gottesdienst» bei den Kindern zunimmt. Dadurch wird die Zuwendungsreaktion zum Gottesdienst der Kirche erhöht. Die Kinder erleben einen Gottesdienst, in dem Gott auf ihre Weise zu ihnen spricht. Sie langweilen sich nicht, weil sie sich angesprochen und wohl fühlen. Die frohe Botschaft macht sie glücklich.

Sorgenkind «Schülergottesdienste»

Die gottesdienstliche Praxis zeigt aber, daß dieses «Glück» nicht problemlos ist. Der Übergang von der Kleinkinderliturgie (Voreucharistische Gottesdienste) zu den Schülergottesdiensten (3.—6. Klasse) verursacht für Kinder und Gestalter der Liturgie ernstzunehmende Fragen. Die Liturgie für Schulanfänger fordert eine stufengerechte Fortsetzung. Geschieht dies nicht, so leiden die Gottesdienste mit Schülern zusehends an zahlenmäßigem Schwund. Fantasielos geworden, sterben sie oder überfordern die Kinder mit Texten, die zu sehr der Welt der Erwachsenen verpflichtet sind.
Die vorliegenden Modelle wollen in dieser Richtung eine Hilfe anbieten. Sie möchten einerseits Gottesdienste anregen, deren Thematik sich über mehrere Sonntage erstreckt, anderseits möchten sie auch zeigen, wie viele Themen aus dem offiziellen Meßbuch der Kirche stufengemäß gestaltet werden können. Das letztgenannte Anliegen muß besonders ernst bedacht werden, soll doch die Liturgie für Schüler schon nahe an die Erwachsenenliturgie herangeführt werden können.

Standort der Modelle

Das Direktorium für Kleinkindermessen der Kongregation für den Gottesdienst enthält bedenkenswerte Sätze:

«Für die kirchliche Unterweisung von Kindern liegt eine besondere Schwierigkeit darin, daß die gottesdienstlichen Feiern — vor allem auch der Eucharistie — die ihnen innewohnende pädagogische Wirksamkeit für die Kinder nicht voll entfalten können. Wenn die Meßfeier auch in der Muttersprache gehalten werden darf, sind doch die Worte und Zeichen der Fassungskraft der Kinder nicht genügend angepaßt.

Zwar erleben die Kinder im täglichen Leben im Zusammensein mit den Erwachsenen manches, was sie nicht verstehen, ohne daß sie sich langweilen. Deshalb kann man auch nicht verlangen, daß ihnen in der Liturgie stets alles und jedes verständlich sein müßte. Jedoch wäre eine Beeinträchtigung ihrer religiösen Entwicklung zu befürchten, wenn den Kindern Jahre hindurch im Gottesdienst immer Unverständliches begegnete. Die moderne Psychologie hat aufgewiesen, wie nachhaltig sich die religiösen Erfahrungen des Kleinkindes und der frühen Kindheit auf Grund der religiösen Offenheit dieser Phase auswirken.» (Nr. 2)

Die Modelle fühlen sich dieser Aussage verwandt. Darum haben sie sich einerseits an den Richtlinien «Gottesdienst mit Kindern» (herausgegeben vom Deutschen Katecheten-Verein e. V. München und vom Liturgischen Institut, Trier, 1972) orientiert. Sie geben eine befreiende Fülle von Möglichkeiten an und helfen, daß der Schülergottesdienst nicht zu einer «Privatfeier» wird, sondern Gottesdienst der Kirche bleibt. Anderseits sind die Modelle auch inspiriert von den Gesetzen der Lernpsychologie. Dies bedingt hin und wieder eine Umstellung und Neugestaltung einer traditionellen liturgischen Reihenfolge. Die Liturgie wird klar und durchsichtig gestaltet. Es werden nicht zu viele Gedanken auf einmal gebracht. Man versucht die Schüler zu motivieren und zu aktivieren.

Hinweise zum Verständnis

Einige, wenn auch schlaglichtartige Vorbemerkungen möchten den Gebrauch der Modelle erleichtern.

1. Die Modelle verstehen sich nicht als liturgische Formulare. Sie möchten nur Impulse, Anstöße vermitteln. Darum ist auch die Sprache nicht bis ins letzte gefeilt. Wir meinen auch, daß sie in die eigene Sprache übersetzt werden müssen. An vielen Stellen ist sogar Mundart vorzuziehen.
2. In einem Gottesdienst werden nicht immer alle liturgischen Elemente voll gestaltet. Es wird einmal diesem, das andere Mal jenem Element besondere Aufmerksamkeit geschenkt. Wenn ein Element, z. B. das Tagesgebet, nicht angegeben ist, bedeutet das nicht, daß es wegfallen muß.
3. Nebst dem Priester als eigentlichem Vorsteher der Gottesdienste ist dem von der Liturgie her geforderten Rollen-Prinzip in diesen Gottesdiensten ganz besondere Aufmerksamkeit zu schenken. Kinder brauchen die Nähe erwachsener Personen. Dies nicht nur, um Störungen durch Disziplinschwierigkeiten zu vermeiden, sondern auch, um dem Priester am Altar die nötige Ruhe zu schaffen. Wir verstehen den Gottesdienst als eine Feier. Eine gute Organisation ist deshalb nötig. Darum sollten eine oder mehrere Personen am Gottesdienst mitwirken (Lehrer, Katecheten, Vater, Mutter). Die «Rollen» sind in den Modellen bezeichnet:

   P = Priester
   L = Lehrer, Katechet, Vater etc.
   Sch = Schüler

   Diese Rollenverteilung möchte auch ausdrücken, daß Schülergottesdienst nicht nur Sache des Priesters ist, sondern Aufgabe des «ganzen Volkes Gottes».
4. Die meisten Gottesdienste bedürfen der Vorbereitung. Darum scheue man sich nicht, Schulklassen und Jugendgruppen anzusprechen und

ihnen konkrete Aufgaben zu übergeben. Es ist unverzeihlich, Gottesdienste dieser Art einfach dem Zufall zu überlassen. Die Erfahrung zeigt, daß Lehrer, die mit ihren Schulklassen für einen Gottesdienst arbeiten, von dieser Aufgabe beglückt sind. Auch sind die Schüler und deren Eltern viel besser motiviert, den Sonntagsgottesdienst mit Freude und Erwartung zu besuchen.

5. Die Modelle wollen den Gottesdienst verlebendigen. Darum sind die Aktivitäten der Schüler so stark ausgebaut. Die Spiele, die Collagen, die Plakate, das gesamte Mitwirken der Schüler ist nicht nur als ernstes Anliegen dieser Entwicklungsstufe zu sehen. Wer die Schüler nicht aktiviert, langweilt sie und hält sie mit der Zeit ab, einen Gottesdienst zu besuchen.

Zum Schluß bleibt mir ein Wort des Dankes. Hansruedi Häusermann, Karl Gähwiler und Ulrich Zwimpfer haben uns einige Texte überlassen, die wir in die vorliegende Form gebracht haben.

Ostern 1976 Karl Kirchhofer

Thematische Gottesdienstreihe A

Jesus-Begegnungen

Leitidee: Die Gestalt Jesu kann Schüler im 3.–6. Schuljahr äußerst stark beeindrucken. Darum wählen wir als Einstieg in unser «Gottesdienstjahr» eine thematische Reihe: Jesus-Begegnung. Es gibt sehr viele Möglichkeiten, eine solche Gottesdienstreihe zu gestalten. Die fünf Gottesdienste sind deshalb exemplarisch zu sehen. Das Ziel der Reihe kann umschrieben werden:

1. Eine Frage: Ist Jesus zu begegnen eine Utopie?
2. Eine Tatsache: Jesus ist in seiner Zeit Menschen begegnet.
3. Eine Möglichkeit: Jesus begegnet uns.

Ziele: 1. Gottesdienst
Dieser Gottesdienst bringt eine Art Problemstellung. Die Schüler setzen sich mit der Frage auseinander: «Was würdest du tun, wenn du Jesus auf offener Straße begegnen könntest.

2. Gottesdienst
Die Schüler sollen erkennen, daß Jesus durch Spott und Hohn gelitten hat und entdecken, daß wir in andern auch Jesus verspotten! Wenn wir selber verspottet werden, dann können wir erleben, was Jesus erlebte. Wir begegnen Jesus.

3. Gottesdienst
Jesus liebt nicht nur die «Braven». Er hat auch ein Herz für die «Sünder». Der Schüler soll wissen, daß Schuld, Fehler und schlechte Taten uns noch lange nicht das Recht geben, andere «links» liegen zu lassen und von ihnen nichts mehr wissen zu wollen.

4. Gottesdienst
Jesus läßt alle Menschen gelten. Für ihn gibt es nicht wichtige und weniger wichtige Menschen. Der Schüler soll spüren, auch ich, auch die andern sind für Jesus alle gleich bedeutsam.

5. Gottesdienst
Der Schüler soll erfahren: Wir begegnen Jesus. Der Kreis der Reihe wird geschlossen: Von der Utopie (1. Gottesdienst) über die biblischen Tatsachen (Gottesdienste 2–4) wird der Schüler zu der Wirklichkeit im Glauben geführt.

Literatur: - Die Feier der Gemeindemesse (authentische Ausgabe des Meßbuches für die Bistümer des deutschen Sprachgebietes) 1975.
Abkürzung: Meßbuch.

- Vier Hochgebete bei besondern Anlässen (Studienausgabe), Benziger / Herder, 1975.
  Abkürzung: Vier Hochgebete.
- Hochgebet Synode 72 für die Kirchen der Schweiz, Liturgisches Institut, Zürich, 1974.
  Abkürzung: Synode 72.
- Kirchengesangbuch, katholisches Gesang- und Gebetbuch der Schweiz, 1966.
  Abkürzung: KGB.
- Gotteslob, Kath. Gebet- und Gesangbuch. Kath. Bibelanstalt Stuttgart 1974.
  Abkürzung: GL.
- A. Bessire, 68 Negro Spirituals, Zürich.
  Abkürzung: Bessire.
- Paul Burkhard, Kindermesse, Zell 1968.
  Abkürzung: Kindermesse.
- Heinz Janssen, miteinander, Butzon und Bercker, Kevelaer / Bernward, Hildesheim 1970[2].
  Abkürzung: miteinander.
- Lisbeth Kätterer u. a., Vom Aufgang der Sonne, Kommissionsverlag F. Reinhardt AG, Basel 1976.
  Abkürzung: Aufgang.
- Gerd Watkinson, 111 Kinderlieder zur Bibel, Ernst Kaufmann / Christophorus-Verlag, 1968.
  Abkürzung: 111 Kinderlieder.
- Walter Wiese u. a., Biblische Geschichten im Kindergarten- und Grundschulalter, Ernst Kaufmann-Verlag, 1970.
  Abkürzung: Biblische Geschichten.
- Willy Brunschweiler u. a., Schweizer Schulbibel, Benziger, Theologischer Verlag, Zürich 1974[4], (Schülerbuch).
  Abkürzung: Schweizer Schulbibel.
- Johanna Klink, Nicht im Sturm, nicht im Feuer, Patmos-Verlag (Topos Nr. 26), 1974.
  Abkürzung: Klink.

1. Gottesdienst (A)

Thema:

Der Wunschtraum: «Jesus begegnen»

Vorbereitungsaufgaben:
Eine Klasse (ev. 5. Klasse) sammelt im Religionsunterricht Fragen zum Thema: Was würdest du tun (sagen), wenn du Jesus begegnen könntest, z. B. auf offener Straße.
Die gleiche Klasse gestaltet folgende Spielidee:
Kinder strömen von verschiedenen Seiten der Kirche zusammen und rufen einander zu: Kommst du auch? Jesus ist im Kunsthaus (Pfarreizentrum) und gibt Autogramme.
Jesus ist da – die Kinder kommen, und sie überfallen ihn mit Fragen. Der Leiter der Liturgie spielt Jesus. Er gibt auf die vielen drängenden Fragen keine Antwort.

Gottesdienstverlauf:

Wortgottesdienst

1. *Begrüßung*

P: Der Priester beginnt mit dem Kreuzzeichen und führt in freier Form zum Lied: «Liebster Jesus» hin.

Sch: Lied: «Liebster Jesus, wir sind hier» aus KGB Nr. 455 / GL Nr. 520

L: Menschen, die ins Hl. Land reisen, haben oft den Wunsch oder das Gefühl: Wie wäre es, wenn jetzt Jesus...
Der Gedanke wird besonders stark, wenn sie auch im Hl. Land Armut und Elend entdecken.
- Oft seufzen Leute: Jesus sollte man begegnen können.
- Das ist der Wunschtraum von vielen: Jesus begegnen.

2. *Spiel*

L: Wir haben uns deshalb mit einer 5. Klasse ein Spiel ausgedacht. Jesus ist wieder auf der Erde — wie damals — er ist berühmt und hat viele Anhänger. Die Zeitungen melden: Heute ist er in..., im Kunsthaus (Pfarreizentrum) gibt er Autogramme. Das wollen wir spielen.

Mögliche Schülerfragen:
- Bist du wirklich Gott?
- Sage mir, warum gibt es Krieg und muß ich auch einen Krieg miterleben?
- Was soll ich tun, wenn ich Streit mit den Eltern habe – und was, wenn die Eltern streiten?
- Warum streiten Menschen, gönnen sie sich nichts, will jeder am meisten haben? Warum können sie nicht im Frieden miteinander leben?
- Du weißt alles, wie lange lebe ich noch?
- Warum gibt es so viele Arbeitslose?
- Ist der Himmel langweilig?
- Wie sieht Gott aus, warum sieht man ihn nicht?
- Kommst du auch einmal in unsere Religionsstunde?
- Warum haben nicht alle Menschen genug zu essen? Könntest du ihnen nicht helfen?
- Verzeihst du mir wirklich alles?

Jesus wird bei der Autogrammstunde mit Fragen überhäuft. Der Leiter der Liturgie sitzt an einem Tisch, unterschreibt, aber gibt keine Antwort.

L: Warum gab wohl Jesus in unserem Spiel keine Antwort?

Schülerantworten abwarten!

L: (faßt zusammen): Jesus lebt auf eine ganz andere Weise für uns. Er ist für unsere leiblichen Augen unsichtbar. Wir sehen ihn nur noch mit den Augen des Glaubens. Ich erzähle euch nun eine Geschichte. Zwei Jünger haben Sehnsucht, Jesus zu sehen. Sie erkennen ihn aber erst, wie er das Brot bricht und es ihnen zu essen gibt.

3. *Evangelium* (Lk 24, 13—35)

Jesus war auferstanden. Das Grab war leer. Und Engel hatten zu den Frauen gesagt: Jesus lebt. — Doch die Jünger wollten es nicht glauben.

Es war noch an dem Tag, an dem Jesus auferstanden war. Da gingen zwei Jünger nach Emmaus. Emmaus ist ein Dorf. Das liegt zwei Stunden von Jerusalem entfernt. Zwei Stunden lang waren die Jünger unterwegs. Sie sprachen miteinander. Sie fragten sich: Jesus ist auferstanden? Das Grab ist leer? Wie sollen wir das verstehen? Wir verstehen es nicht. Da kam ein Mann zu ihnen. Das war Jesus. Aber sie erkannten ihn nicht. Er wollte nicht, daß sie ihn erkannten. Er ging mit ihnen. Er hörte zu, was sie sagten.

Dann fragte er sie: Worüber redet ihr? Sie blieben stehen. Sie dachten: Er hat es doch gehört. Weshalb fragt er? Weiß er nicht, daß das Grab leer ist? Weiß er nichts von Jesus, den sie gekreuzigt haben?

Der eine Jünger hieß Kleopas. Er sagte: Du weißt nicht, was in Jerusalem geschehen ist? — Da erzählten sie ihm: Jesus war ein Prophet. Er hat diese Worte Gottes gesagt. Er hat die Taten Gottes getan. Allen Menschen hier hat er gepredigt, und er hat viele Kranke geheilt. Wir haben gedacht, er ist der, den Gott senden will, der uns retten soll. Aber da ist er zum Tode verurteilt worden. Da haben sie ihn gekreuzigt. Und das ist heute drei Tage her. Und heute morgen waren die Frauen an seinem Grab. Die haben gesehen, daß das Grab leer ist. Und Engel sind ihnen begegnet. Die haben gesagt: Jesus lebt. Und dann sind andere von uns an das Grab gegangen. Die haben auch gesehen, daß das Grab leer ist. Aber Jesus haben sie nicht gesehen. Und nun sind wir erschrocken und verstehen es nicht.

Jesus fragte: Weshalb versteht ihr es nicht? Fällt es euch so schwer, den Propheten zu glauben? Die haben doch alles gesagt und erklärt: Christus wird leiden — haben sie gesagt — und dann heimkehren zum Vater und Herr sein über Himmel und Erde. Christus muß leiden und auferstehen. Dadurch wird er die Menschen retten... Das haben die Propheten alles gesagt. — Und Jesus sagte den Jüngern, wo überall in der Bibel von seinem Tod und von seiner Auferstehung gesprochen wird. Aber die Jünger erkannten ihn nicht, denn er wollte nicht, daß sie ihn erkannten.

Sie kamen in das Dorf. Und Jesus tat, als ob er weitergehen wollte. Da sagten die Jünger zu ihm: Es ist dunkel geworden. Du kannst jetzt nicht mehr weitergehen. Bleib die Nacht über bei uns. Wir laden dich ein. Sie drängten ihn: Bleibe bei uns, denn es will Abend werden und der Tag hat sich geneigt. — Da blieb Jesus bei ihnen. Sie saßen am Tisch. Sie wollten essen. Da nahm Jesus das Brot und sprach das Tischgebet und zerbrach das Brot und gab es den Jüngern und sagte: Nehmet hin und eßt. — Da merkten die Jünger: Das ist sein Leib, der für uns gegeben wird zur Vergebung der Sünden. — Da hatten sie ihn erkannt. Denn Jesus wollte, daß sie ihn da erkannten. Da wußten sie: Es ist der Herr. Er ist auferstanden. Er lebt. — Und als sie ihn so erkannt hatten, war er weg. Sie sahen seinen Platz. Der Platz war leer. Aber sie hatten das Brot, das er ihnen gegeben hatte. Da sagten sie: Hatten wir das nicht gespürt! Als er unterwegs mit uns sprach, als er uns sagte, wie überall in der Bibel von seinem Tod und von seiner Auferstehung gesprochen wird. Da haben wir's doch ganz genau gespürt! Weshalb haben wir es eigentlich nicht verstanden? Weshalb ist es uns so schwer gefallen, den Propheten zu glauben? Die haben doch alles gesagt und erklärt. Jesus ist auferstanden. Er lebt!

Sofort standen sie auf. Sie liefen zurück nach Jerusalem, zurück zu den andern Jüngern. Sie freuten sich und sagten: Der Herr ist auferstanden. Er hat mit uns gesprochen. Und am Brotbrechen haben wir ihn erkannt. Er ist wahrhaftig auferstanden. (Biblische Geschichten, S. 144)

4. *Gebet*

P: Jesus, deine zwei Freunde sind dir nach deinem Tod begegnet. Sie haben sich gefreut. Wir bitten dich: Hilf uns glauben, daß auch wir dir begegnen können. Du bist jetzt bei uns, wenn wir Gottesdienst feiern, wenn wir beten und dich loben.
Jesus, du lebst immer, jetzt und in Ewigkeit.

Eucharistiefeier

1. *Gabenbereitung*

L: Denkt nun still an das, was ihr Jesus sagen möchtet.

Orgelspiel!

2. *Präfation*

P: Gott, wir danken dir und loben dich. Du bist heilig und groß, der Herr der Welt.

Wir danken dir, denn Jesus, dein Sohn, ist ein Mensch geworden, wie wir.

Er hat mit den Menschen gesprochen, er hat ihnen geholfen, er hat sie geliebt. Jesus liebt auch uns. Dafür danken wir. Wir loben dich und singen:

3. *Sanctus*

Lied: »Gott, dir sei Ehr» aus KGB Nr. 426
oder
Lied: «Singet dem Herrn» aus Bessire, Nr. 18.

4. *Hochgebet*

Aus Meßbuch, zweites Hochgebet.

Kommunion

1. *Vater unser*

P: Gott, wir denken daran, daß Jesus gestorben ist. Er ist auferstanden und lebt. Jesus ist bei dir. Er kommt jetzt zu uns. Das ist mehr, als der Traum, ihm auf der Straße zu begegnen.
Wir denken jetzt auch daran, daß du, Vater im Himmel, uns und allen Menschen jeden Tag hilfst, durch Jesus, der uns das Gebet gelehrt hat. Mit ihm wollen wir jetzt zu dir beten:

Sch: Vater unser...

2. *Friedensgruß*

L: Jesus begrüßte die Menschen, denen er begegnete, mit dem Friedenswunsch, den auch wir jetzt einander sagen.

P: Der Friede des Herrn...

Sch: Und mit deinem Geiste.

3. *Einladung zur Kommunion*

P: Jetzt will Jesus im Brot zu uns kommen und wir sagen ihm:

Sch: Herr, ich bin nicht würdig...

Orgelspiel!

4. *Schluß*

L: Er weist auf die nächsten Gottesdienste hin:
- Jesus *ist* Menschen begegnet
- Jesus *kann* auch uns begegnen.

Zum Schluß singen wir ein Lied. Es sei uns ein Gebet.

Lied: «Nun danket alle Gott» aus KGB Nr. 470 / GL Nr. 266, zwei Strophen.

2. Gottesdienst (A)

Thema:
Menschen verspotten Jesus

Vorbereitungsaufgaben:

Eine Schulklasse malt vier große Bilder. Sie müssen im Gottesdienst gut sichtbar sein.

Gestaltungsthemen sind:
- Jesus wird verspottet
- Jesus am Kreuz, zwischen den zwei Schächern
- Ein Schüler wird ausgelacht
- Ein Gefangener wird belächelt (verachtet).

Eine Instrumentalgruppe (Schüler) bereitet 4 Musikstücke vor.

Material:
Zeichnungspapier, Farben, Dachlatten etc. (Die Bilder werden aufgespannt.)

Gottesdienstverlauf:

Wortgottesdienst

1. *Begrüßung*

   Der Leiter des Gottesdienstes geht in seiner Begrüßung auf das Thema des letzten Sonntags ein: Von wem wurde gesprochen am letzten Sonntag? Wenn man Jesus begegnen kann, bringt das Traurigkeit oder Freude?

   Instrumentalgruppe spielt!

   Nach dem Spiel der Instrumentalgruppe weist der Leiter auf die Bilder hin, die im Altarbezirk aufgestellt oder an die Wand geklebt sind. Das Bild Jesu Verspottung ist in der Mitte.

Folgende Fragen sind möglich:
- Was zeigt das mittlere Bild? Wann ist dies geschehen?
- Was zeigen die andern Bilder. Was haben die zwei andern mit dem ersten zu tun? Warum hangen sie beieinander?

L: (faßt zusammen): Könnten wir nicht sagen: Wenn wir andere verspotten, verspotten wir auch Jesus? So sind wir Menschen: Alle möchten Jesus begegnen; aber wenn er da ist, lachen wir ihn aus. Haben wir es gern, wenn wir verspottet werden?

2. *Bußakt*

P: Herr, erbarme dich! Sch: Herr, erbarme dich!
P: Christus, erbarme dich! Sch: Christus, erbarme dich!
P: Herr, erbarme dich! Sch: Herr, erbarme dich!
P: Es erbarme sich...

3. *Evangelium* (Mt 27, 32—44)

L: Ein Schüler (eine Gruppe) hat noch ein viertes Bild gemalt. Es zeigt uns eine Situation, in der Jesus auch noch verspottet wurde.

Das Bild wird hereingetragen (Jesus am Kreuz).

Ein Schüler tritt ans Lesepult und liest aus der «Schweizer Schulbibel» vor (S. 247, 14. Zeile von unten bis S. 248, 6. Zeile oben).

Sch: «Dann führten sie ihn aus der Stadt, um ihn zu kreuzigen. Sie zwangen einen Mann, der gerade vom Feld kam und ihnen begegnete, Jesus das Kreuz zu tragen. Es war Simon von Zyrene, der Vater von Alexander und Rufus.

Sie brachten Jesus zu einem Ort, namens Golgotha (übersetzt heißt das «Totenkopf»). Dort gaben sie ihm Wein mit Myrrhe darin, aber

4. *Hochgebet*

Zweites Hochgebet für Kinder aus: Vier Hochgebete, S. 19.

Kommunion

1. *Vater unser*

P: Im Vater unser sprechen wir aus, was Jesus gerne von uns hört: Wie auch wir vergeben unsern Schuldigern. Wenn wir daran denken, daß wir so oft andere verlachen und verspotten, haben wir es sicher nötig, diese Bitte besonders andächtig auszusprechen.

Sch: Vater unser...

2. *Friedensgruß*

L: Wenn wir miteinander und mit allen gut sind, dürfen wir ehrlich zueinander sagen:

P: Der Friede des Herrn...

Sch: Und mit deinem Geiste.

3. *Einladung zur Kommunion*

P: Wir wollen jetzt das heilige Brot empfangen und daran denken, was Jesus von uns erwartet.

4. *Schluß*

L: Zum Schluß spielt noch einmal die Instrumentalgruppe. Musik ist schön und schafft Frieden zwischen den Menschen. Darum hören wir still unserer Gruppe zu, bevor wir auseinandergehen.

3. Gottesdienst (A)

Thema:
Jesus liebt alle — er will allen begegnen.

Vorbereitungsaufgaben:

Eine Jugendgruppe (oder Schulklasse) bereitet ein «Antigleichnis» vor.
Spielidee: Ein Zirkus ist gekommen. Der Tag der großen Vorstellung... Alle wollen den Zirkus sehen. An der Kasse sitzt einer und kassiert den Eintrittspreis. Nicht alle bezahlen gleichviel. Der «eine» an der Kasse setzt den Preis nach Sympathie und Antipathie ganz willkürlich fest.

Material:
Schallplatte: Zachäus, Hörspiele zur Bibel, Patmos (PAT, 480–04).

Gottesdienstverlauf:

Wortgottesdienst

1. *Einstimmung*

   Orgel, besinnlich.

2. *Gebet*

P: Gott, oft ist es so: Menschen, die wir nicht leiden mögen oder die etwas Unrechtes getan haben, schreiben wir ab. Wir wollen mit ihnen nichts zu tun haben. Das ist nicht recht. Jesus hat keinen Menschen mißachtet.
Gib uns daher die Kraft, auch zu den Menschen zu stehen, die Fehler haben. Darum bitten wir dich:

P: Herr, erbarme dich! Sch: Herr, erbarme dich!
P: Christus, erbarme dich! Sch: Christus, erbarme dich!
P: Herr, erbarme dich! Sch: Herr, erbarme dich!

3. *Gloria*

Lied: «Gott in der Höh' sei Preis und Ehr» aus KGB Nr. 438 / GL Nr. 464
oder
Lied: «Die Ehre sei Gott» aus Bessire Nr. 59.

4. *Spiel* (Jugendgruppe oder Klasse)

L: Eine Gruppe hat ein Spiel vorbereitet. Stellt euch vor. Ein Zirkus ist gekommen. Alle möchten sich eine Eintrittskarte erobern. Aber da sitzt einer an der Kasse... doch wir wollen hören.

Die Spielgruppe tritt auf.

5. *Predigtgespräch* (a)

L: Liebe Buben und Mädchen. Wie gefällt euch diese Geschichte? Was haltet ihr von dem einen an der Kasse? Macht er alles richtig? Würdet ihr einen solchen Menschen in eure Spielgruppe aufnehmen?

Schülerantworten abwarten!

P: Ich erzähle euch nun eine Geschichte aus der Bibel. Hat wohl diese Geschichte eine Ähnlichkeit mit unserem Spiel?

6. *Evangelium* (Lk 19, 1—10)

Ein Erzählvorschlag findet sich in Steinwede, S. 74f.

Alternative:
Wer eine gute Verstärkeranlage hat, könnte auch das biblische Hörspiel: «Zachäus» abspielen (PAT 480—04) lassen.

---

7. *Predigtgespräch* (b)

L: Ihr habt die Geschichte gehört. Könnt ihr mir sagen:
- Was ist in beiden Geschichten ähnlich?
- Was ist anders?

Schülerantworten abwarten! Darauf hin Unterschied herausarbeiten. Wir hätten den «einen» nicht in die Spielgruppe aufgenommen. Jesus hat mit dem Zöllner gegessen und so deutlich ausgesprochen: Jeder Mensch, auch der fehlerhafte, kann mir begegnen. Ich weise ihn nicht ab, wenn er mich sucht.

Eucharistiefeier

1. *Gabenbereitung*

Während der Priester am Altar die Gaben bereitet, denken wir an Jesus, der den Oberzöllner Zachäus angenommen hat.
Lied: «Zachäus» aus «111 Kinderlieder», S. 67, Nr. 55 oder
oder
Lied: «Zachäus erzähl» aus «111 Kinderlieder», S. 68, Nr. 56
oder
Lied: «Wir weihn der Erde Gaben» aus KGB Nr. 451 / GL Nr. 480

2. *Präfation*

P: Gott, wir danken dir. Du liebst uns trotz unserer Schwächen und Fehler. Du bist unser Vater. Du stehst immer zu uns. Jesus hat uns das gesagt und gezeigt. Er hat sich mit Menschen eingelassen, die verachtet waren. Er hat mit ihnen gesprochen, mit ihnen gegessen, sie sogar zu seinen Jüngern berufen. Deutlicher hätte er es uns nicht sagen können. Er hat uns alle, so wie wir sind, gerne. Für deine große Liebe danken wir dir.

3. *Sanctus*

Lied: «Heilig bist du, großer Gott» aus KGB Nr. 440
oder
Kanon: «Laßt uns miteinander singen», aus «Aufgang», S. 98 (vierstimmig).

4. *Hochgebet*

L: Jesus hat mit dem Zöllner gegessen, obwohl dieser Unrecht getan hat. Jesus lädt auch uns zum Mahl ein, obwohl wir immer wieder Fehler machen. Im heiligen Mahl will er uns sagen, daß er bei uns ist und uns liebt.

P: Votivhochgebet «Versöhnung» aus: Vier Hochgebete, S. 7.

Nach den Einsetzungsworten kann folgender Text gesprochen werden:

L: Jesus, du hast dich nicht um das Geschwätz der Leute gekümmert. Du hast getan, was gut war. Du hast dich auch um die Menschen gekümmert, die nicht so waren, wie sie hätten sein sollen. Damit hast du uns ein Beispiel gegeben. Hilf auch uns, zu Menschen zu stehen, die es schwer haben, die von andern mißachtet werden. Darum wollen wir dich jetzt still im Herzen bitten.

Kommunion

1. *Vater unser*

P: Unsere stillen Gebete wollen wir in dem einen zusammentragen, das uns Jesus gelehrt hat.

Sch: Vater unser...

2. *Friedensgruß*

L: Jesus Christus, du zeigst uns, was wahrer Friede ist:
- Wir tragen nicht nach
- Wir verzeihen und geben die Hand zur Versöhnung.

Gib uns Kraft. Wir wollen immer wieder so leben, daß dein Friede durch uns sichtbar wird. Diesen Frieden wünschen wir uns gegenseitig.

P: Der Friede des Herrn...

Sch: Und mit deinem Geiste.

3. *Agnus Dei*

Lied: «Christe, du Lamm Gottes» aus KGB Nr. 441 / GL Nr. 482
oder
Lied: «Lamm Gottes» aus Bessire, Nr. 56.

4. *Kommunion*

Orgelspiel

5. *Schlußgebet*

P: Herr, mache uns zu neuen Menschen. Wir sind gestärkt mit einer Speise, die uns Kraft dazu gibt. Bleibe bei uns, denn es ist so schön, wenn wir andere annehmen, so, wie sie sind. Durch Christus, unsern Herrn.

6. *Schlußlied*

Lied: «Nun danket all und bringet Ehr» aus KGB Nr. 757 / GL Nr. 267, zwei Strophen
oder
Lied: «Wenn wir jetzt weitergehen» aus «Aufgang», S. 121.

4. Gottesdienst (A)

Thema:
Jesus beachtet alle — nicht nur die «Wichtigen»

Vorbereitungsaufgaben:
Eine Jugendgruppe (Schulklasse) übt das Spiel «Jesus und die Kinder» ein. Dazu folgende Spielidee: Im Spiel sollte zum Ausdruck kommen, daß die Apostel ihre und «Jesu Geschäfte» für viel wichtiger halten, als sich mit kleinen unwichtigen Kindern und ihren Müttern zu beschäftigen. Dadurch wird die Parallele zur Geschichte vom «Spinnchen und dem Hirsch» deutlich: Der ungeheuer wichtige Hirsch beachtet die kleine Spinne nicht einmal.

Material:
Die Geschichte vom Spinnchen und dem Hirsch, aus Ursula Wölfel, 27 Suppengeschichten, Hoch-Verlag, Düsseldorf 1968.

Gottesdienstverlauf:

Wortgottesdienst

1. *Begrüßung*

P: Ein Mensch mag Fehler machen, er kann schuldig sein, schwer zu verstehen — Jesus findet immer ein gutes Wort für ihn. Dies war die Aussage des letzten Gottesdienstes. Heute wollen wir weiter über Jesus nachdenken, um von ihm zu lernen. Ich freue mich, daß ihr wieder da seid.

Wir singen ein Lied:

Lied: «Nun jauchzt dem Herren alle Welt» aus KGB Nr. 449 / GL Nr. 474, drei Strophen
oder
Lied: «Danke» aus Bessire, Nr. 3 (ohne die 3. Strophe).

2. *Geschichte zur Motivation*

L: Wir hören zuerst eine Geschichte. Ein Kamerad liest sie euch vor.

Sch: Einmal wohnte ein Spinnchen im Wald. Hoch oben im Baum schlief es unter einem Blatt. Das Spinnchen hatte noch nie ein richtiges Spinnennetz gebaut. Es spann sich immer einen Faden. Daran kletterte es auf und ab. Manchmal ließ es sich vom Wind schaukeln. Aber da lief der große Hirsch durch den Wald. Er zerriß mit seinem Kopf den Faden.

Das Spinnlein fiel auf die Erde. Jetzt mußte es den ganzen hohen Baumstamm hinauf krabbeln. Am nächsten Tag spann es einen neuen Faden. Es ließ sich wieder vom Wind schaukeln. Aber da kam wieder der Hirsch. Er zerriß wieder den Faden. Er merkte wieder nichts davon.

Da baute das Spinnchen ein Netz vor den Hirschweg. Es spannte sein Netz von einem Baum zum andern. Die ganze Nacht arbeitete das Spinnchen daran. Am Morgen war das Netz fertig. Es war wunderschön.

Der Hirsch kam wieder. Sofort sah er das schöne große Netz. Er blieb stehen. Er guckte das Netz an. Dann lief er um die Bäume herum. Der Hirsch wollte das schöne Netz nicht zerreißen. Er trampelte sich einen neuen Hirschweg, und das Spinnchen ließ sich in seinem schönen Netz vom Wind schaukeln.

Ursula Wölfel

Orgelspiel!

3. *Evangelium* (Lk 18, 15)

P: Jetzt lese ich euch einen Abschnitt aus der Bibel. Eine Spielgruppe wird die Szene verdeutlichen.
«Eines Tages brachte man auch kleine Kinder zu Jesus, daß er sie berühre. Als es aber die Jünger sahen, schalten sie sie. Doch Jesus

rief sie zu sich und sprach: ‚Lasset die Kinder zu mir kommen und wehret es ihnen nicht; denn für solche ist das Reich Gottes. Wahrlich, ich sage euch: Wer das Reich Gottes nicht annimmt, wie ein Kind, wird nicht hineingelangen!'»

4. *Spiel* (anstelle einer Predigt)

L: Eine Gruppe hat zu diesen Worten ein Spiel vorbereitet. Schaut ihnen gut zu und überlegt, was sie ausdrücken möchten.

Die Schüler spielen ihre Geschichte. Die Schwerpunkte des Spiels sind unter Vorbereitungsaufgaben zu finden.

5. *Gebet*

P: Gott! So oft wir über deinen Sohn nachdenken, kommen wir aus dem Staunen nicht heraus. Er war der Größte und doch hat er sich nie stolz und erhaben gezeigt. Er hat für alle Zeit gehabt, auch für die Unbedeutenden und Kleinen. So zeigt uns Jesus, wie auch wir sein sollen. Wir bitten dich daher:

- Laß uns nicht stolz und überheblich sein...
- Hilf uns, daß wir auch die kleinen und die einfachen Leute gerne haben und zu ihnen stehen, wenn sie uns brauchen...
- Zeige uns, daß wir alle vor dir gleich sind und du alle ohne Unterschied liebst...

Das bitten wir dich durch Jesus, der an keinem armen und schwachen Menschen vorbeigegangen ist. Amen.

Eucharistiefeier

1. *Gabenbereitung*

Orgelspiel!

2. *Präfation*

P: Gott, wenn wir glücklich sind, kommen wir uns stark vor und wenn wir traurig und enttäuscht sind, kommen wir uns schwach vor. Darum können wir auch zu den schwachen und unbedeutenden Menschen gehören. Wir danken dir heute, weil du uns durch Jesus zeigst, daß es vor dir keine unbedeutenden Menschen gibt. Du bist für alle da. Du liebst alle, auch uns, einen jeden einzelnen von uns. Wir wollen dir mit einem Lied danken:

3. *Sanctus*

Lied: «König ist der Herr» aus KGB Nr. 603 / GL Nr. 275, zwei Strophen
oder
Lied: «Lob meine Seele» aus 111 Kinderlieder, S. 117, Nr. 110.

4. *Hochgebet*

L: Jesus hat die armen und einfachen Menschen besonders geliebt. Seine Jünger waren Männer aus dem Volk. Ihnen hat er zuerst die frohe Botschaft verkündet. Mit ihnen hat er das Mahl vor seinem Tod gehalten.

P: Hochgebet aus Synode 72, III, Seite 12.

Kommunion

1. *Vater unser*

L: Vor Gott gibt es keine wichtigen und weniger wichtigen Menschen. Gott nimmt alle an, die ihn suchen. Wir alle sind Kinder und er ist unser Vater. Das sagt uns Jesus und darüber dürfen wir froh sein. Wir wollen nun jenes Gebet sprechen, das uns Jesus gelehrt hat. Hier sagen wir es deutlich, daß Gott unser aller Vater ist.

Sch: Vater unser...

2. *Einladung zur Kommunion*

L: Auf die Kommunion bereiten wir uns vor mit dem
Lied: «O heilge Seelenspeise» aus KGB, Nr. 452
oder
Lied: «Brüder ruft in Freude» aus «miteinander», S. 7, Nr. 1.

3. *Schlußgebet*

P: Wie ein Vater für seine Kinder sorgt,
so sorgt der Herr für mich.
Wie eine Mutter hält er mich an der Hand
und führt mich stets
den rechten Weg.
Ich brauche keine Angst zu haben
im Dunkeln
und auch am Tage
ist der Herr an meiner Seite.
Nichts wird mir fehlen
mein Leben lang. (Klink, nach Psalm 23, S. 81)

4. *Schlußlied*

Lied: «Allein Gott in der Höh' sei Ehr» aus KGB Nr. 753 / GL Nr. 457, zwei Strophen
oder
Lied: «Wo die Güte ist» aus «miteinander», S. 74, Nr. 97.

5. Gottesdienst (A)

Thema:
Jesus begegnet uns heute

Vorbereitungsaufgaben:
Eine Klasse (Jugendgruppe) übt ein Rollenspiel ein. Der Text ist im Abschnitt «Gottesdienstverlauf» zu finden. Es sprechen neben einem kleinen Sprechchor
- Der Zerstrittene
- Der Verachtete
- Der Alte

Einige Schüler werden beauftragt, in großer Schrift vier Plakate zu schreiben und so zu gestalten, daß sie gut sichtbar in den Altarbezirk getragen werden können. Die Hauptpersonen werden mit wenigen Requisiten angedeutet.

Material:
Plakatpapier, Farbe, Dachlatten, Requisiten.

Gottesdienstverlauf:

Wortgottesdienst

1. *Begrüßung*

P: Die letzten Gottesdienste haben uns gezeigt: Viele Menschen möchten gerne Jesus begegnen. Aus der Bibel wissen wir, wie Jesus in seiner Zeit den Menschen begegnet ist. Heute wollen wir uns fragen: Wann können wir dem Herrn begegnen?

2. *Gebet*

P: Gott, wir möchten Jesus begegnen, denn er schenkt uns Friede und Freude in die Herzen. Es ist oft schwer, ihn zu finden.
Wir bitten dich, zeige uns im Gottesdienst, wie wir Jesus begegnen können, jetzt und während der ganzen Woche. Wir wollen zuerst das Wort Gottes aus der Bibel vernehmen:

3. *Evangelium* (Mt 28, 16—20)

P: Die Elf kamen auf einem Berg zusammen, wohin Jesus sie bestellt hatte. Dort sahen sie ihn und beteten ihn an. Er trat zu ihnen und sprach: «Mir wurde alle Gewalt auf Erden und im Himmel übertragen. Ziehet also aus und machet alle Völker zu meinen Jüngern. Taufet sie auf den Namen des Vaters und des Sohnes und des Heiligen Geistes. Lehret sie alles halten, was ich euch aufgetragen habe. Seht, ich bin bei euch alle Tage bis an das Ende der Weltzeit.»

4. *Predigt«spiel»*

Der Zerstrittene:

Gruppe 1: (kommt sprechend in den Altarraum)

Zerstrittener: Ich habe von Jesus gehört, daß er allen geholfen hat. Aber leider ist er nicht mehr auf der Welt!

Gruppe 1: Was hast du denn für einen Kummer?

Zerstrittener: Ich bin in Streit mit der ganzen Familie. Ich habe eine große Wut im Herzen — ich gehe nicht mehr nach Hause... überhaupt, so viele Menschen leiden, weil sie sich zerstritten haben.

Gruppe 1: Wir haben im Unterricht gehört, daß Jesus den Aposteln gesagt hat: Ich werde bei euch bleiben und euch einen Weg zeigen.
Nimm dir doch etwas Zeit, lies in der Bibel und sei aufmerksam im Gottesdienst! Dann merkst du vielleicht, wie Jesus dir helfen will.
Alle: Immer ist Jesus bei uns mit seinem Wort, wenn wir hören.

Plakatträger 1: (kommt herein mit Plakat 1)
Auf dem Plakat steht: Ich werde bei euch bleiben und euch den Weg zeigen.
(Gruppe 1 tritt auf die Seite, der Zerstrittene bekommt eine Bibel).
Der Plakatträger bleibt stehen.

Der Verachtete: (kommt herein und setzt sich ganz allein auf eine Stufe)

Gruppe 2: (kommt herein, jemand fragt:) Was tust denn du hier so allein?

Der Verachtete: Ich bin immer allein — mich liebt niemand. Ich bin keine Schönheit. Ich bin aus der Schule herausgeflogen. Nun will niemand mit mir gehen. Ich glaube, ich gehe zu einem Rauschgifthändler!

Gruppe 2: Jesus war auch verachtet und war doch der Höchste!

Der Verachtete: Schon gut — aber jetzt ist er nicht mehr da!

Gruppe 2: Doch — aber du mußt hören, wie Jesus da ist!
Er hat einmal gesagt: Was ihr den andern tut, das habt ihr mir getan. Wenn du andern hilfst, so hilft dir auch Jesus durch die andern. Versuche es doch einmal!
Es gibt so viele arme Menschen, denen du helfen kannst: In ihnen kannst du Jesus begegnen!
Alle: Komm, wir wollen miteinander nachdenken.

Plakatträger 2: (kommt herein mit Plakat 2). Auf dem Plakat steht: Was ihr den andern tut, das habt ihr mir getan.
(Der Verachtete tritt fröhlich ab mit Gruppe 2, der Plakatträger bleibt stehen.

Der Zerstrittene (kommt wieder in den Altarbezirk und ruft der Gruppe 1): Hallo, ich habe etwas gefunden in der Bibel. Ich glaube, es geht mich an! Hier heißt es: x-mal «der Friede sei mit euch!»... und einmal sagt Jesus sogar: «Liebet eure Feinde...» aber ich kann ihm nicht gehorchen, ich hasse noch alle wie zuvor!

Gruppe 1: Ich glaube, das geht allen Menschen so; aber wenn ich für die bete, mit denen ich Streit habe, bekomme ich wieder gute und friedliche Gedanken ins Herz.
Wenn ich sehe und höre, wie die andern beten, tut es mir wohl, und ich komme in eine andere Welt.

Plakatträger 3: (kommt herein mit Plakat 3). Auf dem Plakat steht: Wo mehrere miteinander beten, ist Jesus mitten unter ihnen.

Der Plakatträger bleibt stehen.

Zerstrittener: Aha, jetzt verstehe ich. So kann man Jesus begegnen. (Alle treten fröhlich ab).

Der Alte:

Gruppe 3: (treten zusammen).

Der Alte: Ihr seid noch jung und könnt arbeiten, ich kann nichts mehr tun und habe viele Schmerzen. Wenn Jesus noch da wäre, könnte er mir wenigstens sagen, warum ich noch leben muß.

Gruppe 3: Uns gefällt es auch nicht immer auf dieser Welt. Am Sonntag gehen wir aber in den Gottesdienst. Dann wissen wir, daß wir bei Jesus sind. Wenn wir ganz stille werden, bei der Kommunion, so spüren wir Frieden in unse-

	rem Herzen. Wir können Jesus alles klagen und werden ruhiger. Er hat nämlich gesagt: Dieses Brot bin ich.
Plakatträger 4:	(kommt herein mit Plakat 4). Auf dem Plakat stehen die Worte: Dieses Brot bin ich.
Gruppe 3:	Alle: Komm doch auch, dann wirst du Jesus begegnen!
Der Alte:	Das hat mir noch niemand gesagt!
	Alle gehen ab. Der Alte läßt sich lächelnd mitziehen. Der Plakatträger bleibt stehen.

P: In einem kurzen Gespräch deutet er noch einmal die vier Sätze.

5. *Fürbitten*

Lied: «Erbarmen» aus Kindermesse
oder
Lied: «Aus Herzensgrund» aus KGB, Nr, 137.

Eucharistiefeier

1. *Gabenbereitung*

Stille!

2. *Präfation*

P: Gott, wir danken dir, daß wir Jesus begegnen dürfen. Wenn wir Gottesdienst feiern, wenn wir zusammen beten, wenn wir das heilige Brot empfangen, dann bist du auf besondere Weise bei uns. Wenn wir dann auf dich hören, dann merken wir, wie du unser Herz froh und stark machst. Dafür loben wir dich mit unserem Lied:

3. *Sanctus*

Lied: «Gott in der Höh» aus KGB Nr. 438 / GL Nr. 464

4. *Hochgebet*

P: Erstes Hochgebet für Kinder, aus «Vier Hochgebete», S. 11.

Kommunion

1. *Vater unser*

P: Jesus hat gesagt: Dieses Brot, das ihr im Gottesdienst empfängt, das bin ich. Wenn ihr es eßt, dann komme ich zu euch. Um dieses Brot wollen wir Gott bitten im Vater unser.

Sch: Vater unser...

2. *Einladung zur Kommunion*

P: Seht das Lamm Gottes...

Sch: Herr, ich bin nicht würdig...

Orgelspiel!

3. *Schluß*

L: Jesus begegnet uns, wenn wir auf sein Wort hören, wenn wir zusammen beten, wenn wir das hl. Brot empfangen. Nach dem Gottesdienst begegnet er uns in jedem Menschen.

Lied: «Wir danken tausendmal» aus Kindermesse (12)
oder
Lied: «Herr, gib uns Mut» aus Aufgang, S. 109
oder
Lied: «Dein Wort, Herr» aus KGB, Nr. 487.

29. Sonntag im Jahreskreis / Lesejahr B

Thema:

Groß sein im Sinne Jesu

Leitidee: Die Schüler der 3.–6. Klasse haben ihre eigenen Vorstellungen von «groß sein». Die Geschichte vom «winzig kleinen Mann» zeigt eine mögliche Dimension. Man möchte mehr sein, mächtig werden. Der biblische Bericht (Mk 10, 42–45) korrigiert diese Einstellung und sagt, was groß sein im Sinne Jesu bedeuten kann. Von dieser Aussage her wird die ganze Eucharistiefeier gestaltet. Sie ist zugleich das Thema der Erwachsenenliturgie dieses Sonntages.

Literatur:
- Vier Hochgebete bei besonderen Anlässen (Studienausgabe), Benziger / Herder
  Abkürzung: Vier Hochgebete
- Kirchengesangbuch, katholisches Gesang- und Gebetbuch der Schweiz, 1966
  Abkürzung: KGB
- Paul Burkhard, Kindermesse, Zell 1968
  Abkürzung: Kindermesse
- A. Bessire, 68 Negro Spirituals, Zürich
  Abkürzung: Bessire
- Lisbeth Kätterer u. a., Vom Aufgang der Sonne, Kommissionsverlag F. Reinhardt AG, Basel 1976
  Abkürzung: Aufgang
- Frederik Hetmann, Wer bekommt das Opossum?, Georg Bitter Verlag, Recklinghausen.
  Abkürzung: Opossum

Wortgottesdienst

1. *Begrüßung*

P: Ist es euch nicht auch schon so ergangen. Ihr habt die Eltern, den Lehrer beneidet, daß sie schon groß, erwachsen sind. Manchmal kann man das Gefühl bekommen: Wer erwachsen ist, der darf sich mehr leisten, der hat mehr Freiheit.
Heute sind wir im Gotteshaus zusammengekommen, um nachzudenken, was groß sein im Sinne Jesu bedeutet.

2. *Motivation zum Bußakt*

L: In der Geschichte, die ich euch jetzt erzählen (lesen) möchte, kommt ein Mann vor, der mit sich nicht zufrieden ist. Er ist klein und möchte um jeden Preis größer werden. Die Antwort, die er in der Geschichte bekommt, gibt uns Anlaß zur Besinnung.

Märchen vom winzig kleinen Mann

Es war einmal ein winzig kleiner Mann, der lebte an den Sümpfen am Mississippi. Stand er neben anderen Menschen, selbst wenn die nicht sehr groß waren, so reichte er ihnen bis zum Knie. Er wäre gern etwas größer gewesen, also sprach er zu sich: «Ich will das größte Tier in der Nachbarschaft fragen, wie es sich anstellen läßt, daß ich etwas größer werde.»
Er ging zum Pferd und fragte:
«Mein liebes Pferd, kannst du mir sagen, was ich tun muß, um etwas größer zu werden?»
Das Pferd sprach:
«Du mußt viel Mais essen und immer herumrennen, mindestens zwanzig Meilen am Tag, und wenn du das tust, wirst du mit der Zeit so groß und stark werden wie ich.»
Der winzig kleine Mann tat, wie ihm geheißen, aber der Mais lag ihm schwer im Magen, vom vielen Traben schmerzten ihn die Füße, und von all der verzweifelten Anstrengung wurde er ganz traurig... nur größer wurde er nicht. Also kehrte er in sein Haus zurück und dachte darüber nach, warum der gute Rat des Pferdes bei ihm so gar nichts genutzt habe.
Endlich sagte er sich: «Vielleicht war das Pferd nicht der rechte Ratgeber in meinem Fall. Ich will den Ochsen fragen.»
Er besuchte also den Ochsen und fragte:
«Lieber Ochse, kannst du mir sagen, was ich tun muß, damit ich etwas größer werde?»

Der Ochse antwortete:
«Du mußt viel Gras fressen und dann mußt du brüllen, und wenn du ganz laut gebrüllt hast, du wirst schon sehen, dann bist du plötzlich so groß wie ich.»
Der winzig kleine Mann befolgte auch diesen Rat gewissenhaft, aber vom Gras bekam er Bauchschmerzen und vom vielen Brüllen wurde seine Stimme heiser, das Schlimmste war jedoch, er wurde nicht größer, sondern kleiner und kleiner. Da kehrte er wieder in sein Haus zurück, setzte sich vor die Tür und dachte darüber nach, warum bei ihm aller guter Rat nichts geholfen habe.
Kurz darauf kam die Eule vorbei. Sie flog zu den Sümpfen hinüber und schrie dabei:
«Dumme Leute haben immer Mißgeschick, dumme Leute haben immer Mißgeschick.»
«Warte einen Augenblick, Eule», sagte der winzig kleine Mann, «ich möchte dich etwas fragen.»
«Aber bitte schön», sagte die Eule höflich und setzte sich auf einen Ast, «was kann ich für dich tun?»
«Ich möchte größer werden», sagte der winzig kleine Mann. «Aber was immer ich auch versuche, ich werde nicht größer. Ich bin schon ganz verzweifelt.»
Da sprach die Eule:
«Warum willst du eigentlich unbedingt größer werden, als du bist?»
«Ganz einfach», antwortete der winzig kleine Mann, «wenn es einen Streit gibt, ist es gut, groß und stark zu sein, damit man nicht den kürzeren zieht.»
«Hat denn schon jemand versucht, dich zu verhauen?» fragte die Eule.
«Nein, das nicht», gab der winzig kleine Mann zu.
«Na, siehst du», meinte die Eule, «du brauchst dich gar nicht zu schlagen. Also, warum willst du denn größer und stärker sein, als du bist?»

«Es ist da noch etwas», sagte der winzig kleine Mann. «Wenn ich groß wäre wie die anderen, könnte ich ganz weit sehen.»
«Klettere doch auf einen Baum», riet ihm die Eule, «dann siehst du weiter als der größte Mann.»
«Eigentlich hast du recht», sprach der winzig kleine Mann.
«Also», sagte die Eule, «ich sehe, wir verstehen uns. Ob nämlich jemand nun riesengroß oder winzig klein ist, darauf kommt es nicht an. Warum wünschest du dir, daß deine Beine wachsen! Wünsch dir lieber, daß dein Verstand wächst. Dann wirst du deine Sorgen los werden.» Frederik Hetmann (Opossum)

Alternative:
Die Geschichte kann auch von Schülern mit verteilten Rollen vorgetragen werden. (Vorher einüben!)
Folgende Rollen sind möglich:
- Der Erzähler
- Der winzig kleine Mann
- Das Pferd
- Der Ochs
- Die Eule

---

3. *Besinnung und Bußakt*

L: Wir sind nicht immer zufrieden mit dem, was wir haben. Der Freund hat das bessere Velo, die Freundin das schönere Kleid. Der winzig kleine Mann mußte lernen zu denken.

Herr, wir vergessen so schnell, wie viel Schönes du uns durch unsere Eltern, durch die Leute in unserem Haus, durch unsere Kameraden tagtäglich schenkst.

P: Herr, erbarme dich! Sch: Herr, erbarme dich!

L: Der winzig kleine Mann wünschte sich längere Beine. Wir möchten gar oft geschicktere Hände, um ein Spiel zu gewinnen, ein schöneres Gesicht, um andern zu gefallen. Vielleicht müssen wir auch hier lernen zu denken.

Herr, es kommt nicht immer auf das Äußere an. Du schaust auf unsere Gedanken, die von innen kommen. Du willst, daß sie gut sind.

P: Christus, erbarme dich! Sch: Christus, erbarme dich!

L: Über etwas nachdenken, etwas besser erfassen, sich freuen an dem, was einem geschenkt ist, das ist die Fähigkeit, die nur dem Menschen gegeben ist. Das Tier kann nicht über sich selber nachdenken.

Der winzig kleine Mann hat gelernt, daß es nicht nur um Körpergröße geht. Er wurde groß, weil er zu denken begann.

Herr, du hast uns so viele Talente gegeben. Unsere Eltern, unsere Lehrer, unsere Kameraden werden glücklich, wenn wir sie für sie nützen. Ob uns dies immer bewußt ist?

P: Herr, erbarme dich! Sch: Herr, erbarme dich!

4. *Lob*

L: Denken — über uns nachdenken, führt uns zum Danken. Wir wollen Gott danken, daß er uns jederzeit hilft.

Lobet und preiset ihr Völker den Herrn (Kanon zu drei Stimmen)

Lobet und preiset ihr Völker den Herrn,
Freuet euch seiner und dienet ihm gern;
All ihr Völker, lobet den Herrn!

5. *Tagesgebet*

P: Gott,
Du bist groß und mächtig. Wir bitten dich: Hilf uns, darüber nachzudenken, was du von uns willst, damit wir besser wissen, wie wir dir Freude bereiten können. Darum bitten wir dich durch Jesus Christus. Amen.

6. *Evangelium nach Markus* (Mk 10, 42—45)

L: Der winzig kleine Mann muß sich von der weisen Eule belehren lassen, daß die Größe des Menschen nicht daran gemessen wird, ob einer kurze oder lange Beine hat, sondern ob er gelernt hat, nachzudenken. Der Evangelist Markus berichtet uns, was es heißt, im Sinne Jesu groß zu sein. Hört gut zu und überlegt, an was Jesus die Größe des Menschen mißt:

P: In jener Zeit rief Jesus die Jünger zu sich und sagte: Ihr wißt, daß die irdischen Herrscher ihre Völker unterjochen und daß die Mächtigen ihre Macht über die Menschen mißbrauchen. Bei euch aber soll es nicht so sein, sondern wer bei euch groß sein will, der soll euer Diener sein; und wer bei euch der Erste sein will, soll der Sklave aller sein. Denn auch der Menschensohn ist nicht gekommen, um sich dienen zu lassen, sondern um zu dienen und sein Leben als Lösegeld für viele hinzugeben.

Verarbeitung

L: Denkt nach:
- Warum war der «winzig kleine Mann» unzufrieden?
  (Seine Beine sollten wachsen, er wollte größer werden).
- Was hat der «winzig kleine Mann» von der Eule gelernt?
  (Denken, der Verstand soll wachsen).

- Der «winzig kleine Mann» wurde größer, weil sein Verstand zu wachsen begann. Jesus sieht noch eine andere Größe.
  Welche?

Der Leiter der Liturgie kann die Frage beantworten lassen. Eine andere Möglichkeit wäre, eine Weile innezuhalten und die Schüler still überlegen zu lassen.
Der Priester faßt die Gedanken zusammen, indem er eine Deutung des Wortes versucht: Wer von euch der Erste sein will, soll der Sklave aller sein.

7. *Bekenntnis des Glaubens*

L: Wir glauben an Gott, den Vater. Er hat eine schöne Welt werden lassen, weil er uns liebt. Darin läßt er uns leben und hilft uns, einen Weg zu ihm zu finden.

A: Wir glauben an Gott, den Vater.

L: Er kennt die Welt, er kennt uns. Er sieht, daß vieles unvollkommen geworden ist, auch durch uns. Trotzdem steht er zu uns und gibt uns immer wieder die Möglichkeit, selber besser zu werden und die Welt um uns zu verändern.

A: Wir glauben an Gott, den Vater.

L: Wir glauben an Jesus Christus. Er wurde von seinem Vater zu uns gesandt. Er hat uns gezeigt, wie wir den Willen des Vaters erfüllen können.

A: Wir glauben an Jesus Christus.

L: Er hat alle Menschen geliebt und war der Diener aller. Auch am Kreuz hat er nicht aufgehört, uns zu lieben. Er ist für die Schuld der Menschen gestorben.

A: Wir glauben an Jesus Christus.

L: Wir glauben an Gottes Heiligen Geist. Jesus hat uns seinen Geist versprochen. Er wird uns in alles einführen, was er uns gesagt hat.

A: Wir glauben an Gottes Heiligen Geist.

L: Er gibt uns die Kraft, daß wir einander verstehen. Er wird helfen, daß die Gemeinschaft der Gläubigen Zeuge der Liebe Gottes wird.

A: Wir glauben an Gottes Heiligen Geist.

Alternative:
Lied: «Wir glauben, Gott, daß du es bist» aus KGB, Nr. 439
oder
Lied: «Glauben wir an den Vater» aus Kindermesse, Nr. 6 (Glaube). Mit Refrain für alle Schüler.

Eucharistiefeier

1. *Bereitung der Gaben*

Die Schüler schauen zu, wie der Priester die Gaben bereitet.

2. *Gabengebet*

P: Herr, wir möchten groß sein im Sinne Jesu und so dir dienen. Durch diesen Gottesdienst nimm weg von uns alle Selbstsucht und Eitelkeit. So können wir dir gefallen. Darum bitten wir durch Christus, unsern Herrn.

3. *Hochgebet*

L: Wir wollen nun Gott danken, daß er uns seinen Sohn gesandt hat. Durch seinen Tod am Kreuz hat Jesus uns gezeigt, was es heißt:

Diener aller zu sein. Im Evangelium standen die Worte: «Denn auch der Menschensohn ist nicht gekommen, um sich dienen zu lassen, sondern um zu dienen und sein Leben als Lösegeld für viele hinzugeben.»

P: Erstes Hochgebet für Eucharistiefeiern mit Kindern aus: «Vier Hochgebete, S. 11.

Kommunion

1. *Vater unser*

L: Groß sein im Sinne Jesu ist nicht leicht. Gar schnell wollen wir selber die Ersten sein und kommen so ab vom Weg zu Gott. In unseren Schwierigkeiten dürfen wir zu Gott gehen, wie zu einem Vater, und sprechen:

A: Vater unser...

Alternative:
«Vater unser» nach der Melodie «Our Father» (Negro) aus: A. Bessire, Nr. 57.

---

2. *Einladung zur Kommunion*

P: Bevor wir den Leib Christi empfangen, wollen wir einen Augenblick stille werden.
Herr, hilf uns, für andere da zu sein, wie du es uns in deinem Leben vorgelebt hast.

Kurze Stille

P: Kommet alle zu mir, sagt Jesus. Wer von diesem Brote ißt, lernt im Sinne Jesu groß werden.

3. *Nach der Kommunion*

Lied: «Nun danket alle Gott», KGB Nr. 754 / GL Nr. 266
oder: «Segen» aus: Kindermesse, Nr. 12
oder: «Hilf, Herr meines Lebens» aus: Aufgang.

4. *Schlußgebet*

P: Großer Gott, wir sind zusammengekommen, um von deinem Sohn zu lernen. Er hat uns aufgefordert, nicht nur an uns zu denken, sondern andern zu dienen. Gib uns die Fantasie, daß wir merken, wenn uns irgend ein Mensch benötigt, wenn uns Eltern und Kameraden brauchen. Darum bitten wir, durch Christus, unsern Herrn.

30. Sonntag im Jahreskreis / Lesejahr B

Thema:
Glück verpflichtet

Leitidee: Wunderberichte müssen immer nach ihrer Aussageabsicht befragt werden. Dies hat seine besondere Bedeutung für die Schüler der 3.–6. Klasse. Zu leicht könnten sie dem Mirakulösen verfallen. Das Weltbild des 20. Jahrhunderts ist ein anderes, als das zur Zeit der Abfassung des Evangeliums.
Die Eucharistiefeier ist deshalb sehr stark einem Thema verpflichtet: Wenn Jesus heilt, heilt er nicht nur den Leib. Er ruft den Menschen in seine Nachfolge. Glück verpflichtet.

Material:
- Dias (Besinnung) selber herstellen oder durch Medienstelle besorgen lassen.
- Bartimäus, Bijbels Palet, Stichting Docete Hilversum; Der blinde Bartimäus, P. Bock / Diestler H. / Becker I. Leo-Verlag St. Gallen, Gallusstr. 20, oder Calig, Pattloch (Tonbild).
  Abkürzung: BDH

Literatur:
- Vier Hochgebete bei besondern Anlässen (Studienausgabe), Benziger/Herder 1975
  Abkürzung: Vier Hochgebete
- Kirchengesangbuch, katholisches Gesang- und Gebetbuch der Schweiz, 1966
  Abkürzung: KGB
- Lisbeth Kätterer u. a., Vom Aufgang der Sonne, Kommissionsverlag F. Reinhardt AG, Basel 1976
  Abkürzung: Aufgang
- Gerd Watkinson, 111 Kinderlieder zur Bibel, E. Kaufmann / Christophorus-Verlag 1968
  Abkürzung: 111 Kinderlieder
- Heinz Janssen, miteinander, Butzon und Bercker Kevelaer / Bernward Hildesheim 1970[2]
- Dietrich Steinwede, Zu erzählen deine Herrlichkeit, Verlag J. Pfeiffer, München 1967
  Abkürzung: Steinwede.

Wortgottesdienst

1. *Begrüßung*

P: Der heutige Gottesdienst handelt von einem blinden Bettler. Ihm werden die Augen geöffnet. Er weiß, was Jesus für ihn bedeutet.
Ich freue mich, daß wir heute zusammengekommen sind. Wir wollen diese Freude in einem Lied ausdrücken:

Lied: «Du hast uns Herr gerufen» aus «Aufgang», S. 9
oder:
Lied: «Liebster Jesus, wir sind hier», KGB Nr. 455 / GL Nr. 520

2. *Besinnung und Bußakt*

L: Ich zeige euch einige Dias (Lichtbilder), die zum Denken anregen. Es werden Bilder sein, die einen Gegensatz darstellen. Wer nach je zwei Dias etwas sagen möchte, kann die Hand strecken. Betrachtet zum Beispiel folgende zwei Bilder:

Dia 1	Dia 2
Bettler am Wegrand	gedeckter Tisch, reiche Mahlzeit

Dazu könntet ihr sagen:
Das Bild zeigt einen Bettler am Wegrand. Er hat Hunger, er ist allein. Ich aber habe genug zu essen. Meine Eltern sorgen für mich.

Versuchen wir es mit weitern Bildern:

Dia 3	Dia 4
Ärmliche Hütte in Elendsquartier	Schöne Wohnung

- Schüler versuchen eine Antwort.

Dia 5	Dia 6
Blinder mit Blindenstock	Menschen bestaunen Schaufensterauslage

- Schüler versuchen eine Antwort.

Dia 7	Dia 8
Kind mit Tränen in den Augen	Glückliches Kindergesicht

- Schüler versuchen eine Antwort.

Bußakt

L: Überlegt euch folgendes:
Die einen Menschen hungern, die andern haben Essen im Überfluß.
Die einen leben geborgen, die andern haben Angst.
Die einen können alles bestaunen, die andern sind blind.
Die einen sind glücklich, die andern unglücklich.
Darf der Glückliche dabei stehen bleiben oder hat er etwas zu unternehmen?

Stille (die Dias werden noch einmal gezeigt)

P: Herr, wir spüren, glücklich darf man nicht nur für sich allein sein: Glück verpflichtet. Öffne unsere Augen, damit wir nicht übersehen, wenn

- andere elend sind
- andere Angst haben
- andere allein sind
- andere Hunger haben
- andere...

Erbarme dich unser, wenn wir allzu oft nur an uns selber denken.

3. *Evangelium nach Markus*

L: Das Evangelium erzählt von einem Mann, der Glück erfahren hat. Er hat daraus die richtigen Folgerungen gezogen. Er ist Jesus nachgefolgt.
Ich erzähle euch die Geschichte nach. Ein paar Bilder (Bartimäus, Docete Hilversum) verdeutlichen sie.

Auf dem Bild sehen wir den Bettler *Bartimäus*. Er ist blind. BDH Nr. 3
Es war ein Jammer mit ihm. Er war im Dunkel. Ob Tag oder Nacht, er tappte im Dunkel umher. Nie sah er das Licht. — Und er konnte nichts tun. Er war arm und schmutzig und elend. Er konnte nur betteln. So saß er am Wege und bettelte um *Gaben*. Und wenn er hörte, BDH Nr. 4
daß Menschen kamen, dann reckte er seine Hand und fing an zu jammern und schrie ganz laut: Gebt mir doch etwas. Ich bin blind. Nur einen Wunsch hatte Bartimäus. Er wollte sehend werden. Ich möchte sehen. Wer aber hilft mir. Ich bin von Gott gestraft. — Nur einer kann helfen, Jesus, der Herr, der König, der Davidssohn. Der will uns retten, so sagen sie. Nur Jesus kann mir helfen.
Und Jesus kam. Dies war der Tag. Er kam inmitten der *Menge*. Er kam die Straße entlang. Es folgten ihm BDH Nr. 8
viele. Und viele gingen voraus. Und Bartimäus hörte sie kommen: Was ist das? Was ist los? Sagt, wer da kommt? Da sagten die ersten: Es ist Jesus von Nazareth.
Als er das hörte: Jesus ist es, da fing er *laut* an zu BDH Nr. 9
schreien: Jesus, Sohn Davids, erbarme dich meiner. Jesus, erbarme dich! Doch die ersten, die kamen, sie schalten ihn aus: *Still* du, Bettler, schweig still! Jesus BDH Nr. 5

hat keine Zeit für dich. Er geht nach Jerusalem. Sie drohten ihm: Hör auf zu schreien. Sei ruhig. Störe uns nicht.
Doch, so viel sie auch drohten, er schrie immer mehr: Jesus, erbarme dich. — Er hatte Angst: Der Herr geht vorüber. Er merkt nicht, daß ich hier sitze. — So schrie er und schrie: Herr, höre mich doch. Sohn Davids, erbarme dich!
Da *hörte* ihn Jesus. Er hörte die Stimme. Da blieb er stehen und alle mit ihm. Es war ganz still. Da sprach der Herr: Ruft den, der da so schreit. BDH Nr. 7
Da *riefen* sie ihn. Sie waren ganz freundlich und sprachen zu ihm. Komm her. Komm her zu Jesus. Er ruft dich, der Herr. Sei getrost. Stehe auf. Er ruft dich. BDH Nr. 9
Da warf der Bettler den Mantel von sich, sprang auf und tappte daher. Er kam zu Jesus, so schnell er nur konnte. Und Jesus sprach: Was willst du? Sag mir, Bettler, was willst du von mir? Was willst du, daß ich dir tun soll?
Da sprach er: Rabbuni, du lieber Meister. Ich möchte sehen. Das tu an mir. — Und Jesus sprach: Du glaubst es ja. — Gehe hin. Du bist *gerettet*. Da wurde der blinde Bettler sehend. Die Augen gingen ihm auf. Er konnte sehen. Er sah das Licht. Er sah Gott, seinen Herrn. — Da dankte er Gott: Der Herr hat geholfen. BDH Nr. 10
Der Herr macht die *Blinden* sehend. Der Herr hat auf meine Stimme gehört, als ich zu ihm schrie in Not. Er sah auf Jesus: Du bist das Licht. — Und er blieb bei *Jesus* und ging mit ihm auf den Weg hinauf zum Fest nach Jerusalem. (Steinwede, S. 65) BDH Nr. 11 BDH Nr. 12

Alternative: Tonbandkassette zu Lichtbildserie BDH.

Antwortlied

L: Bartimäus hat sein Glück gefunden. Er sieht nun mehr. Er sieht tiefer. Aus diesem Glück heraus folgte er Jesus nach. In einem Lied wollen wir dieses Glück noch einmal nacherleben.

Lied: «Der blinde Bartimäus» aus: 111 Kinderlieder, S. 63
oder:
Lied: «Im Frieden dein», KGB Nr. 453 / GL Nr. 473, 1. und 3. Strophe.

Fürbitten

Sprecher 1: (Sch) Ich bin glücklich, wenn mir das Essen gut schmeckt. Ich vergesse aber oft die Mutter, die viel Zeit dafür verwendet hat. Ich denke auch nicht daran, daß es Kinder gibt, die zu wenig zu essen haben, die sogar hungern müssen.

Alle: Herr, du hast Bartimäus sehend gemacht. Öffne unsere Augen.

Sprecher 2: (Sch) Mir mangelt wenig. Viele Wünsche werden mir von meinen Augen abgelesen. Ich kann fast alles haben. Ich kann mich frei bewegen.
Es gibt aber Menschen, die sind an einen Rollstuhl gefesselt, die sind blind. Ich vergesse so oft an sie zu denken, ihnen eine Freude zu bereiten.

Alle: Herr, du hast Bartimäus sehend gemacht. Öffne unsere Augen.

Sprecher 3: (Sch) Ich freue mich, wenn ich an einem Spiel teilnehmen kann. Ich bin unglücklich, wenn ich nicht mitspielen darf. Ich fühle mich dann so allein, verraten. Manchmal vergesse ich, daß ich mich für andere einsetzen könnte. Sie wären viel weniger einsam.

Alle: Herr, du hast Bartimäus sehend gemacht. Öffne unsere Augen.

Sprecher 4: (Sch) (Vielleicht geht ein Schüler oft an einer Kirche vorbei. Er tritt nie ein, er hört den Ruf Jesu nicht. Seine Augen bleiben verschlossen.)

Alle: Herr, du hast Bartimäus sehend gemacht. Öffne unsere Augen.

Eucharistiefeier

1. *Bereitung der Gaben*

Lied: «Leit uns in allen Dingen» (Kanon zu vier Stimmen aus: «Aufgang», Seite 79
oder:
Lied: «Die Erde ist schön» aus: Bessire, Nr. 32, 1., 2., 3., 5. Str.
oder:
Lied: «Du hast, o Herr, dein Leben» aus: KGB, Nr. 456.

2. *Gabengebet*

L: Brot und Wein liegen auf dem Altar. Herr, wir bitten dich: Nimm diese Gaben an. Sie sollen Zeichen sein, daß wir deinem Sohne nachfolgen wollen. So kannst du Freude haben an uns, die wir diesen Gottesdienst feiern.

3. *Hochgebet*

L: Jesus hat Bartimäus die Augen geöffnet. Er hat in ihm nicht nur einen Arzt gesehen, der ihn von der körperlichen Blindheit befreit hat. Für ihn war Jesus ein Mensch, der ihm die Augen für Gott geöffnet hat.

P: Zweites Hochgebet für Eucharistiefeiern mit Kindern, aus: «Vier Hochgebete», S. 17.

Kommunion

1. *Vater unser*

L: Jesus hat uns ein Gebet gelehrt. Heute wollen wir es miteinander singen. Wir denken zuerst an einen Menschen, den wir in der nächsten Woche glücklich machen wollen.

Gesang: «Vater unser» nach «miteinander», Nr. 125, Seite 94.

2. *Einladung zur Kommunion*

P: Jesus sagte zum blinden Bartimäus: Was willst du, was soll ich für dich tun? Der Blinde antwortete ihm: Rabbuni, Herr, ich möchte wieder sehen. In der hl. Kommunion begegnen wir Jesus. Wir bitten ihn: Begleite uns auf dem Weg durch unser Leben. Laß uns deinen Spuren folgen und lehre uns, das Glück mit andern teilen.

3. *Empfang der hl. Kommunion*

Orgelspiel oder *Instrumentalmusik durch Schüler* (z. B. Blockflöte, Orff'sche Instrumente, etc.)

4. *Schlußgebet*

P: Herr, wir sind im Zeichen von Brot deinem Sohn begegnet. Sein heilendes Wort hat uns unsere Blindheit genommen. Wir bitten dich: Laß uns einmal dich so schauen, wie du bist.

5. *Schlußlied*

Lied: «Gott, mein Herr» aus Bessire, Nr. 10
oder:
Lied: «Dein Gnad, dein Macht» aus: KGB, Nr. 458.

Thematische Gottesdienstreihe B

Geht Sterben nur Erwachsene an?

Leitidee: Trotz der Massenmedien (Kriminalstücke, Kriegs- und Katastrophenbilder) hat der heutige Mensch eine sehr schlechte Beziehung zu Tod und Sterben. Das unmittelbare «Erleben des Sterbens» ist nur noch selten gegeben. Heute wird meistens anonym im Spital gestorben.

Für Erwachsene und Kinder spielt sich das Sterben außerhalb ihres Lebens ab. Wir sind vielfach zu Zuschauern geworden.

Die Zuschauerhaltung wird dann durchbrochen, wenn der Tod eines Verwandten oder eines Bekannten, der uns etwas bedeutete, nahe geht. Doch dieses Erlebnis ist heute nicht mehr für alle Kinder gegeben. Wird das Sterben nicht mehr als Zuschauer, sondern als Betroffener erlebt, tauchen Fragen und Probleme auf: Der Schmerz, die Trauer, auch ich werde sterben.

Ziele: 1. Gottesdienst:
Die Erzählung «der Ascheimer» vermittelt das Erlebnis, was einer beim Tod seines Vaters empfindet: Was geht bei diesem Sterben im Kind und in den Angehörigen vor?

2. Gottesdienst:
Die Schüler sollen erkennen: Jeder Mensch stirbt einmal – auch der junge Mensch kann sterben. Nicht daran denken – verdrängen – nützt nichts.

3. Gottesdienst:
Auch der junge Christ soll erkennen lernen, daß mit dem Sterben nicht alles zu Ende ist. Der Tod ist nicht das «Allerletzte». Diese Haltung wird mit einer Geschichte illustriert und mit der Botschaft des Jairusberichtes erklärt.

Literatur:

- Meßbuch für die Bistümer des deutschen Sprachgebietes, Benziger u. a., Zürich 1975.
  Abkürzung: Meßbuch.
- Vier Hochgebete bei besondern Anlässen (Studien-Ausgabe) Benziger / Herder 1975
  Abkürzung: Vier Hochgebete.
- Hochgebete Synode 72 für die Kirchen der Schweiz, Liturgisches Institut Zürich 1974
  Abkürzung: Synode 72.
- Kirchengesangbuch, katholisches Gesang- und Gebetbuch der Schweiz, 1966.
  Abkürzung: KGB.

- Gotteslob, kath. Gebet- und Gesangbuch. Kath. Bibelanstalt Stuttgart 1974.
  Abkürzung: GL.
- A. Bessire, 68 Negro Spirituals, Zürich.
  Abkürzung: Bessire.
- Lisbeth Kätterer u. a., Vom Aufgang der Sonne, Kommissionsverlag F. Reinhardt, Basel 1976.
  Abkürzung: Aufgang.
- Gerd Watkinson, 111 Kinderlieder zur Bibel. Ernst Kaufmann, Lahr / Christophorus-Verlag 1968.
  Abkürzung: 111 Kinderlieder.
- derselbe, 9 × 11 neue Kinderlieder zur Bibel, Ernst Kaufmann, Lahr / Christophorus-Verlag 1973.
  Abkürzung: Neue Kinderlieder.
- Dietrich Steinwede, Zu erzählen deine Herrlichkeit, Pfeiffer-Verlag, München 1967.
  Abkürzung: Steinwede.

1. Gottesdienst (B)

Thema:
Der Vater ist gestorben

Vorbereitungsaufgaben:
Eine Gruppe (Schulklasse, Jugendgruppe) bereitet die Geschichte von Fr. Krautwurm, «Der Ascheimer», so vor, daß sie in verschiedenen Rollen vorgelesen werden kann.

Material:
Geschichte von Fr. Krautwurm, «Der Ascheimer», aus Dietrich Steinwede / Sabine Ruprecht, Vorlesebuch Religion 2, Kaufmann, Vandenhoeck, Benziger, Theologischer Verlag, Zürich 1973, Seite 253f.

Gottesdienstverlauf:

Wortgottesdienst

1. *Begrüßung (und Lob)*

P: Wir werden zu Beginn ein Lied singen. Ich bitte euch, genau auf die Worte zu achten, die ihr singen werdet. Was sagt der Liedtext? Lied: «Nun jauchzt dem Herrn» aus KGB Nr. 449 / GL Nr. 474, 4. und 5. Strophe.

Kurzes Gespräch:
(wir sollen Gott loben, Gott ist immer für uns da).

Kurzes Orgelspiel (Grundstimmung traurig).

2. *Geschichte zur Motivation des Themas*

L: Die Orgel hat es angedeutet. Es gibt auch Momente, da sind wir traurig, da wird es uns schwer. Ob dann die Worte des Liedes immer noch wahr sind? Wir hören eine Geschichte, die von einem schweren Ereignis berichtet.

Sch: (eventuell in Rollen lesen).

Der Ascheimer

Wenn Jan das bloß geahnt hätte: Dann wäre er doch an dem Freitagmorgen ganz früh aufgestanden und noch einmal zum Vati ins Bett gekrochen. Dann hätte der ihm die Geschichte vom großen Häuptling Adlerfeder noch weiter erzählen können, die Jan nun nie zu Ende hören wird. Ach, wäre er doch wenigstens auf bloßen Füßen die Treppe hinuntergelaufen und hätte sich einen Abschiedskuß geholt, als sein Vati zur Arbeit ging!

Aber wer hat sich denn so etwas vorstellen können! Der Tag hat angefangen wie alle andern auch. Jan ist aufgestanden und in die Schule gegangen. Einen Fehler hat er nur gehabt im Diktat. Auf dem Heimweg hat er einen blanken Käfer gefangen. Der hat geglitzert in der Sonne und ist noch auf Jannis Hand langgekrabbelt, als der fröhlich ins Haus reingegangen ist.

Da hat der ganze Flur voller Menschen gestanden, Oma, Onkel und Tante und noch andere, die er nicht gekannt hat. Er hat sich gleich gewundert, was die alle gewollt haben. Sie haben ihn so merkwürdig angeschaut. «Ach, Junge», haben sie gesagt. «Kleiner Jan.» Und dann haben sie ihn in den Arm genommen und es stockend erzählt. Es hat lange gedauert, bis er verstanden hat, was geschehen war. Ein Auto hat ihn überfahren, seinen Vati. Seinen Vati überfahren! Einfach so. Aus Versehen natürlich.

«Es hat ihm nicht wehgetan!» haben sie noch dazugesagt. «Er war gleich tot. Er hat nichts gemerkt. Und nun ist er bei Gott im Himmel, und da hat er es gut.»

Sie haben so geredet, als ob sie das alles gut fänden, und haben ihm Kuchen und Saft geben wollen. Aber dabei sind Oma und Mutti die Tränen übers Gesicht gelaufen, und der Onkel hat sich dauernd die Nase geputzt. Da hat Jan nichts heruntergebracht. Bloß Gunda, die kleine Schwester, die hat überhaupt nichts verstanden. Die hat sich das kleine runde Bäuchlein vollgestopft den Tag. Erst abends im Bett

hat sie gesagt: «Pappi tommen! Pappi beten!» Aber als dann der Onkel sich zu ihr gesetzt hat, hat sie das auch gut gefunden. Nur die Mutter ist aus dem Zimmer gegangen. Ihr Gesicht ist ganz weiß gewesen. Jan hat fast Angst bekommen vor ihr.
Und doch haben sie in diesen ersten Tagen noch nicht so sehr gespürt, was ihnen gefehlt hat. Es ist ja sowieso alles anders gewesen als sonst. Dauernd sind Besucher und Blumen und Briefe gekommen. Alle sind lieb zu ihnen gewesen, und zur Schule hat Jan auch nicht gehen brauchen. Er ist durchs Haus gegangen und hat immer noch hoffen können, daß alles nur ein böser Traum ist, der eines Tages aufhört.
Aber der Traum hat nicht aufgehört, auch nach vielen Wochen noch nicht. Für die andern ist bald alles wieder wie früher geworden, und das ist gerade das Schlimmste gewesen.
Die Lehrerin hat in der Schule gestanden und rechnen und schreiben lassen, als sei gar nichts vorgefallen. Die Sonne ist auf- und untergegangen. Es hat Frühstück und Mittag und Abendbrot gegeben. Die Kinder auf der Straße haben gespielt und gelacht, sich gezankt und dann wieder vertragen, und Jan hat überall mitgemacht. Aber manchmal, ganz unerwartet, ist dann alles wieder dagewesen. Er ist nach Schulschluß die Straße entlanggeradelt. Die Lastwagen haben gerattert und die Autos gehupt. Frauen mit Einkaufstaschen sind an ihm vorbeigehuscht. Ein paar kleine Schulmädchen haben gekichert, und ein Junge auf der anderen Straßenseite hat «Hallo, Janni!» gerufen.
Da hat er plötzlich seinen Vater vor sich gesehen, groß und blond, im braunen Mantel, wie immer. Ziemlich weit weg ist er gewesen und gerade in eine Seitenstraße gegangen. Nur von hinten hat man ihn sehen können.
Jan ist die Straße hinabgeradelt, wie ein Wilder. «Gleich wird er sich umschauen!» hat er gedacht und hat schon die Stimme seines Vatis gehört: «Tag, alter Räuber, wie geht's denn so?»

Aber der Mann ist sehr schnell gegangen. Der Junge hat die Fahrradklingel schrillen lassen. Jetzt hat der Mann wirklich den Kopf gedreht — und da ist es ein ganz fremdes, unfreundliches Gesicht gewesen, in das Jan geblickt hat. «Paß doch auf, du fährst noch mal jemand an!» hat der Mann gesagt.
Der Junge hat dagestanden, wie vor den Kopf geschlagen. Es ist das dritte Mal gewesen in dieser Woche, daß ihm das so gegangen ist. Zu der Zeit ist es Jan vorgekommen, als sei die Stadt voll von großen blonden Männern in braunen Mänteln. Aber sie haben alle nur von hinten so ausgesehen wie sein Vater. Eine dicke Frau hat ihn angestoßen: «Mach mal Platz! Was stehst du hier auf der Straße herum?» Da hat der Junge sein Fahrrad genommen und ist weitergetrottet. Viele Menschen sind an ihm vorbeigelaufen. Aber er hat sie gar nicht gesehen.
«Ich bin ja auch dumm!» hat er gedacht. «Ich weiß doch, daß mein Vater nie mehr durch die Stadt gehen wird. Er ist doch im Himmel.» Aber er hat sich darunter nichts vorstellen können.
Natürlich hat Jan es gewußt. Die Toten schweben nicht da am Himmel, hinter den Wolken hoch über der Stadt. Sie haben's ihm anders gesagt in der Kirche: «Gott ist immer bei dir» und «dein Vater ist bei Gott.»
Aber er hat sich die Sätze zehnmal aufsagen können, sie haben ihm nichts genützt. Es ist ihm vorgekommen wie Chinesisch. Zum Schluß hat er «Vater im Himmel» gesagt und gar nicht mehr gewußt, welchen er nun gemeint hat: Seinen eigenen Vater oder den, den sie alle in der Kirche «Vater unser» nennen. Weil sie doch beide Väter und im Himmel gewesen sind. Aber das ist wohl auch gleich gewesen. Allmählich ist er ruhiger geworden.
Er hat sich wieder aufs Rad gesetzt und ist weitergefahren, über die Kreuzung, am Bahndamm vorbei in die Birkenstraße. Hier ist es still gewesen. In manchen Gärten haben noch ein paar verschrumpelte

Äpfel an den obersten Ästen der Obstbäume gehangen. Sonst ist alles kahl gewesen vom Wind. Der hat noch geweht.

«In dem Haus Nummer zwanzig da drüben wohnen jetzt nur noch drei!» hat er traurig gedacht und sich wieder gewundert, warum sein Opa so weit hinten gebaut hat. Der Weg bis zur Straße ist immer so weit gewesen.

Und dann hat er die Ascheimer gesehen. Neben jeder Gartenpforte hat einer gestanden, ganz voll bis zum Rand. Da ist es ihm eingefallen. Ihren eigenen Eimer hat immer der Vater nach vorne getragen, früh am Morgen, noch ehe er wegging. «Der ist zu schwer für dich», hat er zur Mutter gesagt. «Das ist was für Männer.» Nie hat er vergessen, daß dienstags die Eimer vors Tor gestellt werden müssen.

Aber heute ist auch Dienstag gewesen, und vorm Tor Nummer zwanzig hat doch nichts gestanden. Sie hat es vergessen, die Mutti. Da hat Jan schnell den Eimer geholt.

Au, ist der schwer gewesen, kaum von der Stelle zu bewegen! Aber Jan hat noch gewußt, was sein Vater getan hatte. Er hat das Ding auf der Kante gerollt.

Es ist langsam gegangen, nur Meter für Meter. Aber: «Das ist was für Männer!» hat der Junge gedacht. Da hat er nicht aufgegeben.

Das Rumpeln und Krachen des Müllabfuhrwagens ist bald zu hören gewesen, und die Mutter ist voller Schreck in den Garten gelaufen. «Oh, oh, unser Eimer!» hat sie gerufen.

Rrrums, hat Jan das Ding vor die Pforte geknallt und hat «Juhu!» geschrien vor Freude. «Das wär' geschafft!»

«Was hätten wir ohne dich machen sollen», hat die Mutter gesagt. Und es ist ihm gewesen, als stünde sein Vati dicht bei ihm.

Wo ist der Himmel, in dem Jans Vati jetzt sein soll? Er kann nicht weit weg sein.

Friderun Krautwurm

3. *Gespräch mit den Schülern*

L: Schwerpunkte der Geschichte
- Das Kind versteht das Ereignis nicht
- Es fehlt die Anteilnahme
- Was soll die Aussage: Der Vater ist im Himmel?

4. *Gebet*

P: Gott, es ist schwer, wenn ein Vater, eine Mutter oder ein Kind sterben muß. Darum bitten wir dich:
- Für alle jene, denen in letzter Zeit ein lieber Mensch gestorben ist: Gib ihnen die Kraft, die Trauer und den Schmerz zu tragen.
- Für alle jene, die heute sterben müssen: Schenk ihnen den Glauben und die Hoffnung an ein Weiterleben bei dir.

Um all das bitten wir dich, im Vertrauen auf dich, unsern Herrn und Gott, der unter uns lebt, jetzt und in alle Zukunft.

5. *Evangelium* (Jo 14, 1—6)

L: Wir können so beten, weil Jesus uns versprochen hat, daß mit dem Tod nicht alles zu Ende ist. Unser Leben geht weiter, bei Gott, unserem Vater.

P: «Euer Herz erschrecke nicht: Ihr glaubt an Gott, so glaubt an mich! Im Hause meines Vaters sind viele Wohnungen. Wenn es nicht so wäre, hätte ich euch dann gesagt: Ich gehe, euch eine Stätte zu bereiten? Wenn ich aber gegangen bin und euch eine Stätte bereitet habe, so komme ich wieder und werde euch zu mir heimholen, damit auch ihr seid, wo ich bin; und wo ich hingehe, dahin wißt ihr den Weg.
Thomas sprach zu ihm: Herr, wir wissen nicht, wohin du gehst. Wie könnten wir den Weg wissen? Jesus erwiderte ihm: Ich bin der Weg, die Wahrheit und das Leben; niemand kommt zum Vater als durch mich!»

Eucharistiefeier

1. *Gabenbereitung*

   Lied: «Wir weihn der Erde Gaben», aus KGB Nr. 451 / GL Nr. 480
   oder
   Lied: «Jesus lädt uns ein», aus Neue Kinderlieder, S. 88, Nr. 75.

2. *Präfation*

   P: Gott, wir danken dir heute dafür, daß du immer bei uns bist. Wenn wir fröhlich sind, freust du dich mit uns. Wenn wir traurig sind, tröstest du uns. Den Sterbenden gibst du Hoffnung, ihren Angehörigen aber Kraft, ihren Schmerz zu tragen. Darum bist du ein guter Gott, den wir loben und preisen, indem wir bekennen:

3. *Sanctus*

   gesprochen!

4. *Hochgebet*

   L: Jesus hat ganz für uns Menschen gelebt. Aber als er verraten und von Pilatus zum Tode verurteilt wurde, ließen ihn alle im Stich, sogar die Apostel. Damit niemand allein sterben muß, gab Jesus uns deshalb ein Zeichen, das uns daran erinnert, daß Gott immer bei uns ist.

   P: Hochgebet aus Synode 72, II, S. 8f.

Kommunion

1. *Vater unser*

L: Es gibt viele Kinder, auch unter uns, die ihren Vater oder ihre Mutter, ein Geschwister oder sonst einen lieben Menschen verloren haben. Für sie wollen wir jetzt ganz stille beten.

Kurze Stille, dann

Sch: Vater unser...

2. *Einladung zur Kommunion*

P: Bevor wir Jesus im heiligen Brot empfangen, bitten wir ihn um Verzeihung unserer Fehler.

Lied: «Christe, du Lamm Gottes», aus KGB Nr. 429 / GL Nr. 482
oder
Lied: «Lamm Gottes», aus Bessire, Nr. 51.

3. *Kommunion*

Orgelspiel!

4. *Schluß* (Meditation)

L: Jemand ist traurig. Was tun wir?
Hinsehen — wegsehen — trösten?
Stille!

L: Jemand liegt todkrank im Bett. Was tun wir?
Stille werden — besinnlich sein — beten?
Stille!

L: Jemand hat einen lieben Menschen durch den Tod verloren.
Was tun wir?
Darüber reden — Blumen bringen — mitleiden?
Stille!

5. *Schlußlied*

Lied: «Lobe den Herren», aus KGB Nr. 764 / GL Nr. 258, 2. und 3. Strophe
oder
Lied: «Singet dem Herren», aus Bessire, Nr. 18
oder
Lied: «Im Leben und im Tod», aus 111 Kinderlieder, S. 103, Nr. 95.

2. Gottesdienst (B)

Thema:

Nicht nur Erwachsene und Alte sterben

Vorbereitungsarbeiten:
Von einer Medienstelle beschaffen: Drei Dias. Thema: Beerdigung. Dazu drei Dias mit den Themen: Verhungertes Kind, ein Unglücksfall – eine Kindertodesanzeige.

Alternative:
Eine Schulklasse malt große Plakate zu den angegebenen Themen. Sie werden von Schülern während des Gottesdienstes hineingetragen. Sie können auch im Gottesdienstraum fest aufgestellt werden.

Material:
Alexej N. Tolstoi aus: H. Thielicke, «Tod und Leben», S. 71, Anm. 1, Katzmann-Verlag, Tübingen, 1946, zitiert nach Dieter Haas u. a., Die Christen und der Tod, Arbeitshefte Religion für das 7.–9. Schuljahr, Ernst Kaufmann-Verlag, Lahr 1971, S. 8.

Gottesdienstverlauf:

Wortgottesdienst

1. *Begrüßung*

P: Liebe Buben und Mädchen, letzten Sonntag haben wir nach der hl. Kommunion nachgedacht. Jemand ist traurig. Was tun wir? Jemand liegt todkrank im Bett. Was tun wir? Jemand hat einen lieben Menschen durch den Tod verloren. Was tun wir? Was haben wir uns wohl vorgenommen?

Stille!

2. *Kyrie*

L: Jemand war traurig. Was haben wir getan?
P: Herr, erbarme dich! Sch: Herr, erbarme dich!

L: Jemand lag todkrank im Bett. Was haben wir getan?
P: Christus, erbarme dich! Sch: Christus, erbarme dich!

L: Jemand hat einen lieben Menschen durch den Tod verloren.
Was haben wir getan?

P: Herr, erbarme dich! Sch: Herr, erbarme dich!

3. *Bußakt*

Lied: «Herr Jesus Christ, dich zu uns wend», aus KGB Nr. 450 / GL Nr. 516
oder
Lied: «Gib uns allen», aus Bessire, Nr. 13
oder
Kanon: «Leit uns in allen Dingen», aus «Aufgang», S. 79, vierstimmig.

4. *Wort Gottes*

L: Aus dem Alten Testament kennen wir ein tröstliches Lied. Wir wollen es hören:

P: Barmherzig und gnädig ist der Herr, langmütig und reich an Güte. Er handelt an uns nicht nach unsern Sünden, vergilt uns nicht nach unserer Schuld.
Wie ein Vater sich seiner Kinder erbarmt, so erbarmt sich der Herr über alle, die ihn fürchten. Denn er weiß, was wir für ein Gebilde sind, er denkt daran, wir sind ja nur Staub. Des Menschen Tage sind wie Gras, er blüht wie die Blume des Feldes. Fährt der Wind darüber, ist sie dahin, der Ort, wo sie stand, weiß von ihr nichts mehr. Doch die Huld des Herrn währt immer und ewig über denen, die ihn fürchten. (Ps 103 / 102)

5. *Impulspredigt*

L: In einer Zeitung las ich einmal folgende Anzeige:
Der siebenjährige Erstkläßler L. B. aus S. bei N., ist am Mittwochmorgen an der Dorfstraße in W. beim Schulhaus von einem Auto angefahren und so schwer verletzt worden, daß er an Ort und Stelle

starb. Der Wagen der ortskundigen Lenkerin, die in Richtung S. fuhr, erfaßte den Bub mit dem vorderen rechten Kotflügel. Die Fahrerin hatte nach ihren Aussagen auf dem geraden und übersichtlichen Straßenstück das Kind überhaupt nicht bemerkt. Angeblich hat sie an ihrem Wagen nur einen leichten Schlag verspürt. Als sie in den Rückspiegel schaute, bemerkte sie das tödlich verletzte Kind am Boden und hielt ihren Wagen an.
Wenn ihr von diesem schrecklichen Unfall gehört habt, kommt euch dann nicht ein Satz aus dem Lied der Bibel in den Sinn? «Des Menschen Tage sind wie Gras. Er blüht wie die Blume des Feldes. Fährt der Wind darüber, ist sie dahin.» Wie schnell kann ein Mensch sterben. Die drei Bilder, die wir nun miteinander anschauen wollen, erinnern uns daran.

Drei Dias werden gezeigt (Beerdigungsszene).

L: Was denken wohl die Leute bei einer Beerdigung?

Schülerantworten abwarten!

L: Alles, was ihr gesagt habt, ist bedenkenswert. Einen Gedanken möchte ich noch hinzufügen (eventuell verstärken, wenn ein Schüler ihn schon geäußert hat). Ich lese euch eine kurze Geschichte:

> Pjotr Iwanowitschs Freund ist gestorben. Bei der Beerdigung denkt er über den Tod nach: Drei Tage und Nächte furchtbare Leiden und der Tod. Das kann auch mich jeden Augenblick treffen, dachte er, aber sofort, er wußte es selbst nicht wie, kam ihm der alltägliche Gedanke zu Hilfe, daß es ja Iwan Iljitsch, nicht ihn, getroffen habe und daß es ihn nicht treffen dürfe und nicht treffen könne... Diese Betrachtung beruhigte Pjotr Iwanowitsch..., als wäre der Tod ein Ereignis, das nur Iwan Iljitsch eigentümlich, ihm aber ganz fremd sei. Alexej N. Tolstoi

Kurzes Gespräch über die Gedanken von Pjotr Iwanowitsch.
Schülerantworten abwarten!

L: (faßt zusammen und führt weiter):
Der Bericht in der Zeitung hat es euch gezeigt. Die drei Bilder, die ich euch jetzt zeige (verhungertes Kind, Unfall, Todesanzeige), machen es noch deutlicher. Der Tod ist manchmal plötzlich da; er kann auch uns treffen. Es nützt also nichts, zu denken, mir kann so etwas nicht passieren.

6. *Glaubensbekenntnis*

P: Gott, die Welt ist schön. Wir dürfen in ihr leben. Sie gefällt uns.

Sch: Wir glauben an dich!

P: Gott, in der Welt geht vieles vorüber. Es findet sein Ende. Wie schnell ist unser Leben vorbei.

Sch: Wir vertrauen auf dich!

P: Gott, dein Sohn war in der Welt und hat uns vorgelebt, daß der Tod nicht das Letzte ist. Wir dürfen einmal mit dir leben.

Sch: Wir danken dir!

Eucharistiefeier

1. *Gabenbereitung*

Orgelspiel, besinnlich!

2. *Gebet über die Gaben*

P: Herr, unser Gott, diese Gaben sind ein Zeichen unseres Glaubens. Wir bitten dich: Erhalte in uns die Freude am Leben, auch wenn wir wissen, daß alle einmal sterben müssen. Wir hoffen ja auf deine Güte und dein Erbarmen.

3. *Präfation*

P: Gott, wir danken dir, daß du groß und mächtig bist. Du bist der Herr über alles, auch der Herr über das Leben. Wenn du willst, leben die Menschen, und wenn du es willst, sterben sie. Jedes von uns kann der Tod vielleicht schon heute treffen. Wir können ihn nicht zur Seite schieben. Wir wollen daran denken und auch darin dich loben, denn du bist unser Vater und alles, was du tust, ist letztlich gut. Wenn wir sterben, gibst du uns das neue, ewige Leben. Darum singen wir dir zur Ehre unser Lied.

4. *Sanctus*

Lied: «Singet Gottes Ruhm», aus KGB, Nr. 467
oder
Lied: «Heilig», aus Bessire, Nr. 50
oder
Lied: «Singt das Lied der Freude», aus 111 Kinderlieder, S. 118, Nr. 111.

5. *Hochgebet*

L: Jesus wußte, wann er sterben mußte. Er hat die Angst überwunden, weil er seinen Tod als Weg zum Vater sah. Um uns Mut zu machen und Vertrauen zu geben, schenkte er uns vor seinem Tod ein Beispiel der Freude und des Vertrauens.

P: Hochgebet: Erstes Hochgebet für Eucharistiefeiern mit Kindern, aus «Vier Hochgebete», S. 12.

Kommunion

1. *Vater unser*

Lied: «Vater unser», aus Bessire, Nr. 57.

L: Vater unser, haben wir gesungen. Gott ist unser Vater. Wir wollen dies nicht vergessen, wenn wir an den Tod denken. Gott hilft uns im Leben und im Tod. Er schenkt uns seinen Frieden. Daher wünschen wir einander:

P: Der Friede...

Sch: Und mit deinem Geiste.

2. *Einladung zur Kommunion*

P: Wir wollen nun andächtig das Brot empfangen, von dem Jesus gesagt hat: Ich bin das Brot des Lebens.

Orgelspiel!

3. *Schluß*

Lied: «König ist der Herr», aus KGB Nr. 603 / GL Nr. 275
oder
Lied: «Die Erde ist schön», aus Bessire, Nr. 32
oder
Lied: «Segne und behüte», aus Aufgang, S. 119.

3. Gottesdienst (B)

Thema:

Wir haben Angst — was ist nach dem Tod?

Vorbereitungsaufgaben:

Die Geschichte «Großmutter ist krank» kann von einer Gruppe (Klasse, Jugendgruppe) als Rollenspiel vorbereitet werden. Es werden vier Personen benötigt: Erzähler, Großmutter, Mutter und Christine. Wenn die Dias zum Jairusbericht nicht zur Verfügung stehen, dann kann eine Schulklasse einige Großplakate zu dieser Geschichte malen. Sie werden in der Kirche gut sichtbar montiert.

Material:

- Die Auferweckung der Tochter des Jairus: Die Tochter des Jairus, Bijbels Palet, Stiftung Docete Hilversum, 12 Dias, farbig, deutsches Textheft (JDH).
- Eventuell vorbereitete Großplakate.
- Geschichte «Großmutter ist krank» von D. Meili-Lehner, Die Erzähldidaktik auf der Unterstufe im Religionsunterricht. Zeitschrift für Religionsunterricht und Lebenskunde, 1974/3, Benziger / Theologischer Verlag Zürich, S. 3f.

Mutter führt Christine an der Hand. Sie läuft mit schnellen Schritten die steile Straße hinauf und zieht das kleine Mädchen mit sich. Oben auf dem Hügel steht ein großes, weißes Haus mit vielen Fenstern und einem großflächigen Parkplatz, auf dem viele Autos stehen. «Mutter, liegt Großmutter jetzt dort? Ist das das Krankenhaus?» fragt Christine eifrig. Die Mutter nickt. Christine macht sich los. Sie rennt und hüpft davon. Sie singt:«Ich freue mich! Ich freue mich! Ich darf zu Großmutter! Ich darf zu Großmutter!» Immer dieselben Worte — im gleichen Takt, zu derselben Melodie. Außer Atem bleibt das Mädchen nach einer Weile stehen und wartet auf die Mutter. «Du Mutter, hat Großmutter...», mitten im Satz hört Christine zu sprechen auf. Erstaunt und erschreckt blickt sie auf die Mutter. Schnell faßt sie deren Hand. «Mutter, du weinst ja! Was hast du? Bist du krank? Schmerzt dich etwas?» so sprudeln die Fragen aus Christine heraus. Die Mutter lächelt, wischt mit dem Handrücken die Tränen weg, beugt sich zu Christine und streicht ihr übers Haar: «Ich bin traurig. Großmutter ist schwer krank. Sie wird wohl nicht mehr gesund werden. Wahrscheinlich muß sie bald sterben.»

Nachdenklich schaut Christine die Mutter an: «Was macht man mit Großmutter, wenn sie tot ist?» Die Mutter schluckt und sagt leise: «Man begräbt sie auf dem Friedhof. Der Pfarrer hält eine Predigt, um uns zu trösten.» — «Können wir sie denn nicht wieder ausgraben?» — «Nein», sagt die Mutter, «wenn ein Mensch tot ist, dann ist er tot.» — «Und wo ist er dann? Ist er bei Gott? Kann Gott die Großmutter denn nicht wieder lebendig machen, wenn er

sieht, wie traurig du bist? Kann er das nicht?» Die Mutter schweigt. «Müssen wir alle sterben?» — «Ja», sagt die Mutter. — «Ich auch?» — «Ja, du auch!» — «Und du, Mutter?» — «Ich auch», antwortet die Mutter, «komm jetzt, wir wollen weitergehen.»
Die beiden gehen Hand in Hand weiter. Doch plötzlich bleibt Christine wieder stehen. Sie zerrt an der Hand der Mutter: «Du Mutter, du sagst immer, Gott habe mit allem etwas zu tun. Mit dem Regen, mit den Blumen, mit den Kindern und so. Du sagst immer, Gott hat alles gemacht, nicht?» — «Ja, Christine, das glaube ich.» — «Hat Gott auch den Tod gemacht?» Die Mutter überlegt. Wieder rollen ihr die Tränen über die Wangen. «Ich weiß nicht, Kind. Ich weiß es nicht!»

Du, Großmutter!

Mutter und Christine treten durch die große Eingangstüre in eine weite Halle. Mit dem Lift fahren sie in das dritte Stockwerk. Mutter eilt durch den langen Korridor. Zögernd folgt ihr Christine. Vor einer weißgestrichenen Tür bleibt die Mutter stehen. Die Türe trägt eine Nummer. 308 liest Christine. Neben der Türe steht eine Holzbank. Auch diese ist weiß übermalt. Die Mutter deutet mit der Hand auf die Bank: «Setz dich eine Weile hin. Ich hole dich dann. Ich will nachsehen, wie es Großmutter geht.» Sie drückt einen Kuß auf Christines Wange, wendet sich ab, öffnet leise und sorgfältig die Türe und verschwindet im Zimmer. Christine zieht die Beine empor, legt die Arme um die Knie. Angestrengt schaut sie auf den Boden, runzelt die Stirne und denkt nach. Plötzlich lächelt sie, nickt und sagt leise: «Ja, das will ich Großmutter sagen!»
In diesem Augenblick öffnet sich die Türe. Die Mutter winkt. Schnell steht Christine auf, schlüpft an der Mutter vorbei und steht schon neben dem Bett der Großmutter. Aufmerksam betrachtet sie die alte Frau. Sie sieht das bleiche Gesicht, die eingefallenen Wangen — aber sie sieht auch die Augen der Großmutter, die sie freundlich und liebevoll anlächeln. Christine faßt die abgezehrte Hand, die auf der weißen Decke liegt und drückt sie sorgfältig. «Guten Tag, Großmutter. Ich muß dir rasch etwas Wichtiges erzählen.» Die Mutter packt Christine an den Schultern, schiebt sie vom Bett weg: «Still, Kind! Nicht so laut, Großmutter braucht Ruhe.» Aber Großmutter lächelt und sagt leise: «Laß doch das Kind! Ich freue mich ja so. Komm Christine, erzähl mir, was du auf dem Herzen hast.»
Christine setzt sich auf den Bettrand. Aufgeregt sprudelt sie hervor: «Großmutter, wenn du tot bist, kannst du doch wieder lebendig werden. Das geht! Ich weiß es.» Erschreckt fährt die Mutter dazwischen: «Christine, schweig sofort! So spricht man nicht. Großmutter wird doch noch nicht sterben.» Christine schaut die Mutter mit großen Augen an. Erstaunt sagt sie: «Aber du hast doch selbst gesagt, daß Großmutter...» Schnell unterbricht die Mutter das Kind. «Christine!» sagt sie. Doch Großmutter legt ihre Hand auf Mutters Arm. Sie lächelt die Mutter an: «Laß das Kind reden! Ich weiß, daß ich bald sterbe. Ich habe keine Angst.» Die Mutter wendet sich ab. Sie weint, wischt sich die Tränen weg. Sie schweigt.

Christine schaut unsicher von der Mutter zur Großmutter. Diese nickt ihr zu: «Erzähl nur, Christine!»
«Beim Warten – im Korridor – ist es mir in den Sinn gekommen. Jesus kann dich wieder lebendig machen. Sicher! In der Schule habe ich eine Geschichte gelesen. Eine Geschichte vom Totsein und wieder Lebendigwerden.» – «Erzähl mir die Geschichte!» bittet Großmutter leise.
(Hier erfolgt eine kürzere oder längere Darbietung des Erzählstoffes aus Markus 5, 21–24, 25–43: Auferweckung der Tochter des Jairus.)

Großmutter spricht vom Tod

Christine schweigt. Erwartungsvoll schaut sie die Großmutter an. Mühsam richtet sich diese auf. Schnell stopft Mutter ein zweites Kissen hinter den Rücken der Großmutter. Großmutter lächelt Christine zu. Mit zittriger Hand streicht sie über die Wangen des Kindes: «Das ist eine schöne Geschichte. Aber mich wird Jesus nicht wieder zum lebendigen Menschen machen, wenn ich gestorben bin. Ich werde nie mehr gehen und sprechen können. Und trotzdem habe ich keine Angst. Jesus ist ja auch gestorben – und doch wieder lebendig geworden. Ich weiß, wer stärker als der Tod ist.» Verwundert schaut Christine die Großmutter an: «Woher weißt du das? Wer sagt es dir?» – «Ich weiß es schon lange. Und jetzt hast du es mir nochmals gesagt, Christine. Mit deiner schönen Geschichte. Gott hat uns den Tod zum Schlaf gemacht. Um uns das zu sagen, sandte er Jesus. Gott ist stärker als der Tod. Das ist das Wunder!» Erschöpft sinkt die Großmutter zurück. Es ist ganz still im Krankenzimmer. Nach einer Weile spricht Großmutter weiter: «Jesus ist auch gestorben – gestorben wie ein Mensch. Aber nachher ist er aus dem eigenen Grab auferstanden. Jesus lebt nun immer bei Gott. Und er will auch uns, wenn wir gestorben sind, zu neuem, schönerem Leben auferwecken – und dann für immer! Das hat Jesus gemeint, als er das Mädchen aus dem Todesschlaf rief. Er hat das getan, damit wir merken, wer er ist.»
Leise ist die Mutter ans Bett getreten. Sie faßt die Hand der Großmutter und streichelt sie. Großmutter lächelt der Mutter liebevoll zu: «Wenn ich sterbe, weiß ich, Gott ist für mich da. Mein Tod wird so auch nur ein Schlaf sein. Und einst wird Gott kommen und mich wekken. Nein, ich habe keine Angst.» Christine beobachtet die beiden Erwachsenen. Sie spürt, daß Großmutter froh ist. Sie freut sich, daß ihre Geschichte so wichtig wird. Sie schaut zur Mutter empor. Die Mutter nickt und lächelt ihr zu. Sie weint nicht mehr. Es ist sehr still und friedlich im Zimmer 308.

Gottesdienstverlauf:

Wortgottesdienst

1. *Begrüßung*

P: Plötzlich kann der Tod in unserer Nähe sein. Eine Mutter, ein Vater stirbt. Wir verlieren einen lieben Menschen. Der Tod macht auch vor unserem Leben nicht halt. Das Lied, das wir jetzt singen, spricht einen schönen, aber schweren Gedanken aus.

Lied: «Was Gott tut, das ist wohlgetan», aus KGB Nr. 782 / GL Nr. 294, 2 Str.

2. *Gespräch*

L: Was Gott tut, das ist wohlgetan, wie schön tönt dieses Lied, wie schnell lassen sich solche Worte sprechen. Doch ist es wirklich so?

- Ist immer alles wohlgetan?
- Haben wir daran auch schon gezweifelt? (z. B. wenn jemand gestorben ist)
- Und die Angst vor dem Tod?

Schülerantworten in die Zusammenfassung einbeziehen!

3. *Besinnung*

P: Während die Orgel spielt, wollen wir an alle Menschen denken, die wir gekannt haben und die gestorben sind.

Orgelspiel!

4. *Rahmengeschichte* (Großmutter ist krank) 1. Teil

L: Eine Gruppe hat uns ein Spiel vorbereitet. In der Geschichte kommt eine Großmutter vor. Sie weiß eine Antwort, warum sie keine Angst hat vor dem Tod. (Die Gruppe spielt bis zum Satz: Erzähl mir die Geschichte, bittet die Großmutter).

5. *Evangelium* (Mk 5, 21—24; 35—43)

P: Den Bericht der Auferweckung der Tochter des Jairus möchte ich euch erzählen und zwar so, wie sie Christine im Religionsunterricht gehört hat.

Jesus kam im Schiff daher auf dem See Genesareth. Er kam ans Ufer und stieg aus dem Schiff. Da liefen die Menschen zusammen. Und Jesus redete zu dem Volk. Er blieb da bei ihnen am Meer. JDH Nr. 1

Und siehe, da kam ein Mann gelaufen. Der wollte zu Jesus. Der hieß *Jairus.* Das war einer von der Synagoge, vom Bethaus der Juden. Der ging da oft hin. Er betete dort und las aus der Schrift und sorgte für Ordnung. Er war dort der Erste. JDH Nr. 2

Jetzt aber kam er zu Jesus gelaufen. Und als er ihn sah, da warf er sich hin. Der vornehme Mann fiel Jesus zu Füßen vor allem Volk und schrie: Herr, meine Tochter, sie ist krank. Sie wird bald sterben. Hilf mir. Komm doch und lege die Hände auf sie. Rette sie. Laß sie leben.

Und Jesus hörte auf Jairus. Gleich ging er mit in sein Haus. Und die Menschen liefen hinterher, ein großer Haufe. Sie drängten. Und in dem Gedränge da kam eine Frau, die war sehr krank, die faßte ihn an, ganz heimlich von hinten — und wurde gesund. Und als er das merkte, da sprach er: Meine Tochter, dein Glaube hat dich gerettet. Gehe hin in Frieden. Du bist gesund.

Und während Jesus noch redete, da *kamen* Leute vom Haus des Jairus. Die riefen: Jairus, es ist zu spät. Deine Tochter ist gestorben. Es ist zu spät. Er braucht nicht mehr zu kommen. Du brauchst den Meister nicht mehr. JDH Nr. 4

Aber Jesus hörte da gar nicht hin, auf das, was die Leute sagten. Er ließ sie reden. Er sprach zu *Jairus:* Fürchte dich nicht — glaube nur. JDH Nr. 5

Und Jesus ließ niemand weiter mehr mit als Jairus und drei von den Jüngern: Petrus, Johannes und Jakobus. — Jairus glaubte dem Herrn.

Und sie kamen zum Haus. Sie hörten es schon: Dort war ein Geschrei, dort war *Lärm*. Die Klageweiber waren gekommen. Sie schrien über dem toten Kind. Sie lärmten mit Hölzern und Pauken und Flöten. Das war die Totenmusik. JDH Nr. 7

Und Jesus ging in das Haus hinein und sprach zu den Weibern: Was lärmt ihr? Was *soll* das Geschrei hier über dem Kind? — Es ist nicht tot — es schläft. JDH Nr. 8

Da lachten sie los. Die eben noch heulten, die lachten auf einmal: Es schläft? Das Kind soll schlafen? Das glaubt dir doch keiner. Sie lachten ihn aus: Das Kind ist tot. — Sie wußten ja nicht, wie Jesus das meinte: Der Tod ist ein Schlaf in Gott.

Da trieb der Herr sie alle hinaus, die da lachten und lärmten und schrien. — Nun war es still. Da nahm er den Vater, die Mutter mit sich und die Jünger. Da ging er hinein, wo das Mädchen lag, das Kind, zum *Tode* entschlafen (Ps 13, 4). Und er faßte das Mädchen bei der Hand und rief es: Talitha kumi. — Mädchen, ich sage dir, stehe auf. — Da erwachte das Mädchen vom Tode. JDH Nr. 10

Und *seht*, sie stand auf und lief umher. Zwölf Jahre war sie alt. — Gott hatte gerufen. Da war sie erwacht. — Es war ein Zeichen geschehen, — ein Zeichen der Auferweckung vom Tode: Wir werden auferweckt. JDH Nr. 11

Und alle erschraken mit Staunen und Zittern: Gott weckt sie. Gott weckt auch uns.
Und Jesus sprach: *Sagt* das nicht weiter, was ihr hier seht, ja nicht. Ich werde sterben. Ich werde leben. — Erst dann, dann sagt es weiter (vgl. Mk 9, 9). Jetzt aber schweigt. Und holt zu essen. Das Mädchen lebt. Gebt ihr zu essen. (Steinwede, S. 52f) JDH Nr. 12

6. *Rahmengeschichte* (Großmutter ist krank) 2. Teil

L: Die Großmutter hat der Geschichte ergriffen zugehört. Sie gibt Christine aber eine Erklärung zur Geschichte, die sie nicht erwartet hat. Hört:

(Die Gruppe spielt den Schluß der Geschichte.)

7. *Gebet*

P: Gott, du weißt, daß wir vor vielem Angst haben — auch vor dem Sterben. Wir danken dir, daß du uns durch Jesus gezeigt hast, daß nach dem Sterben das Leben bei dir weitergeht.

Wir bitten dich heute:
- Hilf allen Sterbenden in ihrer Angst.

Sch: Wir bitten dich, erhöre uns!

- Schenke ihnen den Glauben, daß du sie lieb hast, und daß ihr Leben weitergeht bei dir.

Sch: Wir bitten dich, erhöre uns!

- Hilf uns allen, auch wenn wir Angst haben, zu glauben, daß mit dem Sterben nicht alles zu Ende ist.

Sch: Wir bitten dich, erhöre uns!

P: Darum bitten wir dich durch Jesus, der jetzt nach seinem Tod am Kreuz, bei dir lebt in alle Ewigkeit.

Eucharistiefeier

1. *Gabenbereitung*

Lied: «Wir weihn der Erde Gaben», aus KGB Nr. 451 / GL Nr. 480
oder
Kanon: «Leit uns in allen Dingen», aus Aufgang, S. 79.

2. *Präfation*

P: Gott, wir danken dir, daß Jesus uns gezeigt hat, wie du den Menschen hilfst — auch den Menschen, die im Vertrauen und im Glauben an deine Liebe die Angst vor dem Sterben besiegt haben.
Wir danken dir auch, daß wir alle — jung und alt, glauben dürfen, daß mit dem Tod nicht alles zu Ende geht.
Dafür loben wir dich mit unserem Lied.

3. *Sanctus*

Lied: «Gelobt sei Gott», aus KGB Nr. 253 / GL Nr. 218, 1., 2. und 4. Strophe
oder
Kanon: «Lobet und preiset», aus Aufgang, Seite 89 (dreistimmig).

4. *Hochgebet*

L: Gott und Vater im Himmel, auch dein Sohn Jesus hatte Angst vor dem Sterben. Du warst bei ihm und hast ihm geholfen in seiner Angst. Damit auch wir an deine Hilfe glauben können, hat er das Abendmahl eingesetzt.

P: Hochgebet, aus Synode 72, III, Seite 12.

Kommunion

1. *Vater unser*

P: Wir denken jetzt besonders an alle Toten, die wir gekannt haben, an Großmütter, Großväter, Mütter und Väter, Onkel und Tanten, Geschwister und Kameraden und an alle, die wir lieb gehabt haben. Auch sie hatten Angst vor dem Sterben und leben jetzt bei dir, Vater im Himmel. Für sie alle wollen wir jetzt miteinander das Gebet Jesu sprechen:

Sch: Vater unser...

2. *Friedensgruß*

Lied: «Lebt Jesus», aus Neue Kinderlieder, S. 91, Nr. 79
oder
Lied: «Im Frieden dein», aus KGB Nr. 453 / GL Nr. 473, 1. und 3. Strophe

3. *Einladung zur Kommunion*

P: Wir empfangen das heilige Brot, das uns Jesus vor seinem Tod geschenkt hat. Wir beten:

Sch: Herr, ich bin nicht würdig...

4. *Schluß*

P: Fürchtet euch nicht, ich bin bei euch, alle Tage, sagt Jesus. Dafür danken wir dir, Gott, unserem Vater.

Lied: «Nun jauchzt dem Herren», aus KGB Nr. 449 / GL Nr. 474, 2 Strophen
oder
Lied: «Singet dem Herrn», aus Neue Kinderlieder, S. 36, Nr. 23.

Thematische Gottesdienstreihe C

Advent — Menschen warten

Leitidee: «Warten» gehört zum Schwerpunkt der Adventszeit, vor allem, wenn man es unter dem Aspekt «erwarten» sieht. Schüler sind, wie alle Menschen, Kinder ihrer Zeit. Sie sind angesteckt vom Konsumdenken. Die Gottesdienstreihe möchte einen Anstoß geben, daß man in der Adventszeit über seine «eigene Nase» hinaus zu sehen vermag.

Der erste Gottesdienst geht von einem biblischen Beispiel aus. Menschen in seelischer Not erwarten den Messias. Im zweiten Gottesdienst steht der Gedanke im Mittelpunkt: Überall gibt es Menschen, die etwas Wichtiges erwarten. Der dritte Gottesdienst zieht Folgerungen für das Leben der Schüler.

Ziele: 1. Gottesdienst

Die Israeliten in der babylonischen Gefangenschaft erwarten einen Ausweg aus ihrer hoffnungslosen Situation. Der Schüler soll erfahren, daß, wer auf Gott baut, eher auf eine Lösung hoffen kann.

2. Gottesdienst

Der Schüler soll erkennen, daß auch heute Menschen Wichtiges erwarten und daß auch dadurch Weihnachten immer seinen Sinn hat.

3. Gottesdienst

Man kann von Weihnachten die üblichen Geschenke erwarten und sich darauf freuen. Man kann aber auch froh werden, wenn man nicht nur an sich denkt. Dies soll dem Schüler einsichtig werden.

Literatur:

- Meßbuch für die Bistümer des deutschen Sprachgebietes, Benziger u. a. Zürich. Abkürzung: Meßbuch.
- Vier Hochgebete bei besondern Anlässen (Studienausgabe), Benziger / Herder. Abkürzung: Vier Hochgebete.
- Kirchengesangbuch, katholisches Gesang- und Gebetbuch der Schweiz, 1966. Abkürzung: KGB.
- Gotteslob, kath. Gebet- und Gesangbuch. Kath. Bibelanstalt Stuttgart 1974. Abkürzung: GL.
- A. Bessire, 68 Negro Spirituals, Zürich. Abkürzung: Bessire.
- Lisbeth Kätterer u. a., Vom Aufgang der Sonne, Kommissionsverlag F. Reinhardt, Basel 1976. Abkürzung: Aufgang.
- Gerd Watkinson, 9×11 Neue Kinderlieder zur Bibel, Ernst Kaufmann, Lahr / Christophorus-Verlag 1973. Abkürzung: Neue Kinderlieder.

1. Gottesdienst (C)

Thema:
An den Flüssen Babylons — Das Volk Gottes wartet

Vorbereitungsaufgaben:
- Eine Gruppe (Klasse, Jugendgruppe) übt das Rollenspiel «An den Flüssen Babylons» ein.
- Eine Instrumentalgruppe übernimmt den musikalischen Teil. Sie bereitet sich vor.

Gottesdienstverlauf:

Wortgottesdienst

1. *Begrüßung*

P: Mit dem heutigen Sonntag beginnt die Adventszeit. In drei Gottesdiensten wollen wir uns Gedanken machen über die Bedeutung dieser Zeit. Das Lied, das wir singen, stimmt uns ein in diese Zeit:

Lied: «Macht hoch die Tür», aus KGB Nr. 26 / GL Nr. 107, drei Strophen.

2. *Besinnung*

L: Von was handelt das Lied, das wir gesungen haben?

Schüleranworten!

L: Denkt darüber nach:
Auf was warten wir?
Auf wen warten wir?
Was heißt: Wir warten auf Weihnachten?
Was bedeutet: Wir warten auf Jesus?

(Während der Besinnung spielt die Instrumentalgruppe.)

3. *Spiel*

L: Unser Advent dauert vier Wochen. Die Israeliten haben Jahre, ja Jahrzehnte gewartet. Das zeigt unser Spiel:

Erzähler: Wenn die Babylonier ein Volk besiegt hatten, dann hatten sie es aufgeteilt. Die vornehmen und gescheiten Leute und auch die geschickten Handwerker nahmen sie gefangen und führten sie fort aus ihrer Heimat — nach Babylon. So blieben nur die einfachen und armen Leute im Land zurück. Ohne ihre Führer waren sie wehrlos. So ist es auch den Juden ergangen nach der Zerstörung der Stadt Jerusalem. Mehrere Monate waren die Juden, scharf bewacht von Soldaten, auf dem Weg ins fremde Land, nach Babylon. Dort angekommen, bekam jeder ein kleines Stück Land und mußte als Knecht oder Arbeiter sein Brot sauer verdienen. Die Juden litten sehr darunter, daß sie den fremden Herren ausgeliefert waren. Doch viel härter kam sie an, daß sie nicht mehr in ihrer Heimat leben durften. Sie war doch ein Geschenk ihres Gottes. In Jerusalem stand ein prächtiger Tempel. Dort konnten sie beten und ihre Opfer darbringen.

Im fremden Land war es ihnen, als ob Gott weit weg wäre. Doch die Juden waren fleißige und gescheite Leute. Sie paßten sich an die fremden Verhältnisse an und schickten sich in ihr Schicksal. Durch ihre Arbeit kamen sie in gute Stellungen. Doch ihre Heimat, ihren Gott, vergassen sie nie.

Sie kamen auch immer zusammen. Vor jeder Versammlung stand einer auf und betete vor:

Beter: Wir sitzen an den Flüssen Babylons und klagen. An Jerusalem müssen wir denken. Wie weit bist du weg.

An den Pappeln hängen unsere Harfen. Wir spielen nicht, weil wir traurig sind.

Unsere Wächter aber wollen, daß wir singen. Sie sagen: Singet doch ein Lied von Zion!

Doch wie können wir unsere Gotteslieder singen, wo wir doch in fremden Ländern wohnen müssen. Sollte ich dich, Jerusalem, vergessen, dann sterbe mir die rechte Hand ab. Sollte ich nicht an dich denken, dann bleibe mir die Zunge am Gaumen kleben. Dies alles geschehe, wenn uns Jerusalem einmal weniger bedeutete als der größte Freund.

1. Jude: Jetzt sind wir schon seit Jahren in Babylon und treffen uns jeden Abend in diesem Saal.

2. Jude: Ja, am Anfang waren wir noch eine große Versammlung — aber jetzt — was sind wir noch?

3. Jude: Du hast recht, jetzt sind wir nur noch ein kleiner, jämmerlicher Teil.

2. Jude: Früher sangen wir zusammen, wir beteten und freuten uns auf eine Rückkehr — aber jetzt, jetzt sind wir verloren, vergessen.

1. Jude: Ja, wir sind verloren, weil wir nicht mehr genügend zusammenhalten. Immer mehr wollen hier bleiben und machen bei den Babyloniern mit.

3. Jude: Und immer weniger glauben an eine Rückkehr.

2. Jude: Seid still, der Jesaja hat etwas gesagt. Seid still! Es ist sicher etwas Wichtiges. Er ist doch sonst immer so wortkarg.

Jesaja: Ich muß es euch erzählen..., ich darf es nicht länger verschweigen, ich glaube..., heute nacht hat Gott zu mir gesprochen.

1. Jude: Was?

2. Jude: Sicher?

3. Jude: Erzähl doch!

Jesaja: Er sprach: Sage deinem Volk, daß ich es trösten werde. Sage ihm, daß seine Sklavenzeit vorbei ist... Sage deinem Volk, daß es für seinen Gott einen Weg durch die Wüste nehmen soll. Es soll einen Weg durch die Steppen, über Berge und durch Täler nehmen. Dann wird sich Gott in seiner ganzen Größe zeigen. Glaubet, denn was von Menschen kommt, das ist nie ganz sicher. Was Gott sagt, hat Bestand für alle Zeit. Und dann hat Gott gesagt: Verlasset Babylon, aber nicht in Hast und Angst. Ihr seid keine Flüchtlinge. Vergesset nicht, daß ich, euer Gott, mit euch bin. Ich werde euch begleiten und beschützen. Ich, Gott, bin euer König. Das wissen auch eure Bewacher. Keiner wird euch hindern, in eure Heimat zurückzukehren. Gott sprach überdies zu mir: Seid froh und singet, denn ich will aller Welt zeigen, wie ich, euer Gott, helfe.

4. *Motivation zum Gebet*

L: Johannes der Täufer hat die Worte des Propheten Jesaja aufgenommen. Auch er sagt: Bereitet den Weg des Herrn. Er ruft uns auf, in rechter Weise auf Jesus zuzugehen — ihn zu erwarten. Darum wollen wir beten.

5. *Gebet*

P: Lange, lange Zeit hat das Volk Israel auf die Hilfe Gottes gewartet. Jedes Jahr warten wir im Advent auf Weihnachten. Damit wir in rechter Gesinnung auf dich und deinen Sohn warten, bitten wir dich:

Hilf uns,

- daß wir im Advent etwas mehr an dich denken, wenn wir beten.
- daß wir uns mehr Mühe geben: zu Hause, auf der Straße, in der Schule, mit unsern Kameraden.
- daß wir versuchen, mehr auf die andern Rücksicht zu nehmen und nicht nur an uns zu denken.

Denn so kannst du zu uns kommen und wir können hoffen, daß du uns hilfst.

6. *Glaubensbekenntnis*

Lied: «Wir glauben Gott», aus KGB, Nr. 439
oder
Lied: «Ich will an dich glauben», aus Bessire, Nr. 55.

Eucharistiefeier

1. *Gabenbereitung*

L: Überlegt:
- Was erwartet Gott in dieser Adventszeit von mir?
- Was unternehme ich, um andern eine Freude zu bereiten?

Stille!

2. *Gabengebet*

P: Herr, Gott,
nimm unsern guten Willen an als Zeichen unserer Bereitschaft, den Weg für Jesus zu bereiten, denn durch uns will er immer wieder Mensch werden. Christus hat keine Hände, als nur die meinen. Durch sie will er wirksam werden und andere glücklich machen.

3. *Präfation*

P: Gott, wir danken dir, daß du zu uns Menschen kommen willst. Wir danken dir, daß wir auf dich warten dürfen und uns in der Adventszeit freuen können. Wir danken dir auch, daß wir durch unsern Einsatz dich verherrlichen. Für all das danken wir dir und loben dich mit unserem Gebet:

4. *Sanctus*

Gebetet.

5. *Hochgebet*

L: Unser Gottesdienst ist ein Zeichen dafür, daß du es ernst meinst: Du willst immer zu uns kommen. Wir dürfen dich zu jeder Zeit erwarten.

P: Hochgebet: Drittes Hochgebet für Eucharistiefeiern mit Kindern, aus «Vier Hochgebete», S. 25.

Kommunion

1. *Vater unser*

L: Heute denken wir ganz besonders an all die vielen Menschen, die nicht mehr glauben können, daß Gott sie gern hat, daß er zu ihnen kommen und auch bei ihnen bleiben möchte.
Wir bitten dich, Vater, daß auch sie noch warten sollen, daß du zu ihnen kommst, daß du auch ihr Vater bist. Für sie und für alle beten wir das Gebet, das Jesus uns gelehrt hat:

Sch: Vater unser...

L:
- Befreie uns vor der Meinung, daß alles selbstverständlich ist.
- Befreie uns vor der Meinung, daß es gleichgültig ist, ob man für Mitmenschen etwas tut oder nicht.
- Befreie uns vor der Meinung, daß der Weg des geringsten Widerstandes der schönste ist.
- Befreie uns vor der Meinung, daß wir sind, wie wir sind und nicht besser werden können.

Sch: Denn dein ist das Reich...

2. *Einladung zur Kommunion*

P: Wir empfangen jetzt das Brot des Lebens, durch das Jesus immer wieder zu uns kommt.

Instrumentalmusik während des Kommunionempfanges.

3. *Schluß*

P: Zum Schluß singen wir ein Lied. Es soll unser Gebet sein:

Lied: «O Heiland reiß die Himmel auf», aus KGB Nr. 33 / GL Nr. 105
oder
Lied: «Wir sagen euch an», aus Aufgang, Seite 40, 1. Strophe
oder
Lied: «Menschen warten auf den Herrn», aus Neue Kinderlieder, Seite 71, Nr. 55.

2. Gottesdienst (C)

Thema:
Heute warten Menschen überall

Vorbereitungsaufgaben:
Eine Gruppe übt zwei Negro-Spirituals ein.
Verschiedene Dias müssen gesucht werden, welche das Thema: «Menschen warten» visualisieren.
Material:
Dias, eventuell große Plakate, von Schülern hergestellt, wenn die Dias nicht zu finden sind.
Die Geschichte «Weihnachten wird abgeschafft» von Hanna Hanisch aus Dietrich Steinwede / Sabine Ruprecht, Vorlesebuch Religion 2, Kaufmann/Vandenhoeck/Benziger/Theologischer Verlag, Zürich 1973, Seite 289–291.

Gottesdienstverlauf:

Wortgottesdienst

1. *Einstimmung*

P: Eine Gruppe hat für euch, liebe Buben und Mädchen, zwei Lieder vorbereitet. Man nennt sie Negro-Spirituals. Hinter diesen Liedern steht eigentlich eine traurige Erfahrung. Neger, fern der Heimat, Sklaven reicher Herren suchen Trost. Sie warten auf jemanden, der sie aus ihrer Not, ihrem Elend, von ihrer Sehnsucht nach Liebe befreit. Sie finden Trost in der Bibel. Sie sagen sich: So, wie es den Juden ergangen ist, so ergeht es auch uns. Sie haben gewartet. Ihr Warten wurde belohnt.

Gruppe singt:
«Mein Gott, welche Freude», aus Bessire, Nr. 7, und «Mein Herr», aus Bessire, Nr. 8.

2. *Besinnung*

L: Wir können es aus der Melodie herausspüren. Solche Lieder haben Menschen gedichtet, die auf Erlösung warten. Ein gutes Wort, eine helfende Hand, ein verständiger Mensch könnte ihnen viel von ihrer Traurigkeit abnehmen. Sie warten, ob da einer kommt und sich ihrer annimmt. Ich zeige euch nun ein paar Bilder. Auf jedem Bild ist ein Mensch, der auf etwas wartet. Könnt ihr mir sagen, auf was sie warten. Wer etwas weiß, streckt die Hand. Ich werde jemanden nach vorne rufen. Er kann vom Altar aus sagen: Diese Frau (dieser Mann, dieses Kind) ...

Dia 1

Alte Frau im Krankenbett

Sch: Diese Frau wartet auf euren Besuch.

Dia 2

Kriegsgefangener, gefesselt

Sch: Dieser Mann wartet...

Dia 3

Ausgemergelte Frau — Hunger

Sch: Diese Frau wartet...

Dia 4

Invalider Mann

Sch: Dieser Mann wartet...

Dia 5

Einsamer Mann

Sch: Dieser Mann wartet...

Dia 6

Verzweifelter junger Mensch

Sch: Dieser junge Mensch wartet...

Dia 7

Schriftdia ICH?

Stille!

3. *Gebet*

P: Großer Gott,
viele Menschen nah und fern warten. Sie warten auf ein liebes Wort, auf eine Hilfe, auf Gesundung, auf Befreiung von Not, Einsamkeit und Armut.
Auch wir warten. Wir warten auf die Freude und Liebe, die du uns an Weihnachten schenken möchtest.

- Hilf uns, mit guten Taten deinen Frieden in der Familie vorzubereiten.
- Hilf uns, nicht nur auf die Geschenke zu warten, sondern auf dich.
- Laß uns in der Adventszeit begreifen, wie groß das Geschenk ist, das du uns in deinem Sohne gegeben hast.
- Gib uns die Kraft, für andere ein Christus zu sein.

4. *Evangelium*

P: Wenn Menschen warten, dann wollen sie jemandem begegnen.
Wenn Christen warten, dann wollen sie Christus begegnen.
Die Frohe Botschaft sagt es uns, wie dies geschehen kann. Wie schrecklich, wenn suchende Menschen umsonst warten würden!

1. Sch: Ich war hungrig und ihr habt mir zu essen gegeben.

2. Sch: Ich war durstig und ihr habt mir zu trinken gegeben.

3. Sch: Ich war ein Fremder und ihr habt mich bei euch aufgenommen.

4. Sch: Ich war nackt und ihr habt mir anzuziehen gegeben.

5. Sch: Ich war krank und ihr habt euch um mich gekümmert.

6. Sch: Ich war im Gefängnis und ihr habt mich besucht.

P: Dann werden die auf der rechten Seite fragen: Herr, wann haben wir dich jeweils hungrig gesehen und gaben dir zu essen; wann warst du durstig und wir haben dir zu trinken gegeben? Wann bist du uns jemals als Fremder begegnet, den wir aufgenommen haben, oder nackt, so daß wir dir Kleider gaben? Wann warst du krank oder im Gefängnis und wir haben dich besucht? Da wird der auf dem Throne antworten: Ich will es euch sagen, was ihr für meine ärmsten Brüder getan habt, das habt ihr für mich getan.

Orgelspiel, nach einer Weile Überleitung zur Gabenbereitung.

Eucharistiefeier

1. *Gabenbereitung*

Orgelspiel, besinnlich!

2. *Präfation*

P: Gott,
wir danken dir für die Zeit des Advents. Sie gibt uns Gelegenheit, daran zu denken, wie wunderbar es ist, daß dein Sohn zu uns gekommen ist. Wenn wir unter uns für Frieden sorgen, wenn wir einander helfen und Gutes tun, versprichst du uns deine Liebe. Wir danken dir für alles, was du uns täglich gibst. Dir zur Ehre singen wir unser Lied:

3. *Sanctus*

Lied: «Heilig ist unser Gott», aus KGB, Nr. 428
oder
Lied: «Singet dem Herrn», aus Neue Kinderlieder, Seite 36, Nr. 23.

4. *Hochgebet*

L: Jesus ist schon da und doch warten wir neu auf ihn. Das ist das Geheimnis der Adventszeit. Jesus muß man immer wieder erwarten können. Jesus muß man immer wieder begegnen können. Das Abendmahl ist eine Möglichkeit hiezu.

P: Hochgebet: Erstes Hochgebet für Eucharistiefeiern mit Kindern, aus «Vier Hochgebete», S. 12.

Kommunion

1. *Vater unser*

P: Viele Menschen warten auf irgend etwas Gutes. Viele Menschen warten auf den Frieden Gottes, auf Jesus Christus. Manchmal sind sie vom Leben und von den Menschen enttäuscht. Sie merken nicht mehr, daß Jesus kommen will. Für sie und auch für uns wollen wir das Gebet beten, das Jesus lehrte:

Sch: Vater unser…

P: Es gibt Menschen, die wir übersehen.
Sch: Erlöse uns, o Herr.

P: Es gibt Menschen, die wir ablehnen.
Sch: Erlöse uns, o Herr.

P: Es gibt Menschen, die wir immer wieder vergessen.
Sch: Erlöse uns, o Herr.

P: Es gibt Menschen, denen wir nicht die Wahrheit sagen.
Sch: Erlöse uns, o Herr.

P: Es gibt Menschen, denen machen wir deine Liebe nicht sichtbar.
Sch: Erlöse uns, o Herr.

P: Denn dein ist das Reich...

2. *Einladung zur Kommunion*

P: Der Herr will uns nahe kommen. Mitten unter uns will er uns Kraft geben, Zeugen der Liebe zu werden.

Sch: Herr, ich bin nicht würdig...

3. *Geschichte zum Überdenken*

L: Bevor wir wieder auseinandergehen, möchte ich euch noch eine Geschichte vorlesen. In dieser Geschichte will jemand Weihnachten abschaffen. Ist dies wohl richtig, wenn wir an unsern Gottesdienst denken?

Weihnachten wird abgeschafft

Wie ein graues Tuch hängt der Himmel über der Siedlung. Nieselschnee fällt auf Achims Haar. Er prellt seinen Fußball gegen ein Garagentor. Jedesmal gibt es einen dumpfen Ton. — Da kommt die Stimme von oben. «Hör endlich auf mit dem Gepolter! Das klingt ja gräßlich!»
Der alte Bokelmann! Achim kennt ihn. Immer hat er etwas zu mekkern.
Achim setzt sich auf die Mülltonne, den Fußball zwischen den Beinen. Noch fünf Tage bis Weihnachten! Ist denn niemand auf dem Vorplatz, mit dem er spielen kann? Werner ist mit seiner Mutter in die Stadt gegangen. Achims Mutter kommt erst gegen sieben nach Hause. Vor Weihnachten wird es immer so spät im Geschäft. Was tun? Nach oben zu gehen, hat Achim keine Lust. Im Fernsehen gibt es doch nur Kleinkinderkram.

Zwei Arbeiter gehen vorbei. Einer trägt einen verschnürten Baum unterm Arm.
«Ich habe noch keinen Baum besorgt», sagt der andere.
«Im vorigen Jahr waren sie Heiligabend um die Hälfte billiger. Überhaupt, der ganze Rummel! Von mir aus kann Weihnachten abgeschafft werden.»
Achim hört nicht mehr, was der andere darauf antwortet. Ihm ist plötzlich kalt im Rücken geworden. Was meint der Mann? Weihnachten abschaffen? Kann man etwas abschaffen, das es schon immer gibt? Achim umkrallt seinen Ball. Gibt es Weihnachten nicht schon immer? Nicht schon seit zweitausend Jahren? So hat er es doch gehört. Eine lange Zeit! Warum gefällt es dem Mann jetzt nicht mehr?
Abschaffen! Oma Lettwig hat im Herbst ihren Hund abschaffen müssen. Er hatte die Mieter gestört. Noch lange Zeit hat sie deshalb geweint. Aber Weihnachten? Kann man das auch abschaffen wie einen Hund, der die Leute stört?
Achim rutscht von der Tonne und fingert nach seinem Schlüssel. Oben klingelt er bei Oma Lettwig. Zum Glück ist sie zu Hause. Warmer Dunst schlägt ihm entgegen, als er die Tür öffnet. Eifrig schabt er seine Füße ab.
«Ich bin beim Backen», sagt Oma Lettwig. «Wenn du dir die Finger wäschst, kannst du mir ausstechen helfen.»
Achim ist es recht. Nur jetzt nicht allein sein müssen!
Auf der Kommode hat Oma Lettwig ihre Figuren aufgestellt. Achim kennt sie vom letzten Jahr: Kleine Engel mit kurzen Hemden und nackten Füßen. Jeder spielt ein anderes Instrument. Sie haben ihm eigentlich immer gut gefallen. Jetzt kommen sie ihm plötzlich albern vor.
Er sticht Herzen und Sterne aus, Monde und Blumen. Seine Finger erwärmen sich und werden geschickter. Was hat doch der Mann auf der Straße gesagt?

«Kann man Weihnachten abschaffen?» Im gleichen Augenblick hat er es laut gesagt. Es ist heraus. Oma Lettwig schaut ihn erschrocken an. «Wie kommst du denn darauf?»
«Nur so. Ein Mann hat es gesagt. Es stört ihn. Zuviel Rummel.»
Oma Lettwig antwortet nicht. Sie knetet die Teigreste zusammen, rollt sie von neuem aus und drückt die Förmchen hinein. Achim hängt seinen Gedanken nach. Es stimmt: Im Kaufhaus, wo die Mutter an der Kasse sitzt, drängen sich die Leute. Es ist hell und warm dort, die Menschen lachen und reden. Hier bei Oma Lettwig ist es auch sehr gemütlich. Aber ist das Weihnachten? Weihnachten muß doch noch etwas anderes sein. Der Mann ist schuld, daß seine Weihnachtsfreude plötzlich einen Sprung bekommen hat. Ob der Sprung wieder heilt? Oder wird Achim sein ganzes Leben lang über Weihnachten nachdenken müssen, bis er das Geheimnis entdeckt? Ein Geheimnis muß dahinterstecken, das spürt er genau. Auch Oma Lettwig scheint es zu wissen. Aber sie schweigt noch immer.

Hanna Hanisch

4. *Schluß*

Lied: «Tauet Himmel den Gerechten», aus KGB Nr. 34 / GL Nr. 104.

3. Gottesdienst (C)

Thema:
Wir warten

Vorbereitungsaufgaben:
Folgende alltägliche, vorweihnächtliche Szene kann eine Gruppe (Jugendgruppe, Klasse) einüben:
Eine Gruppe Mädchen ist auf einem Stadtbummel. Auf dem Weg unterhalten sie sich über ihre Weihnachtswünsche. Dieses Gespräch wird jäh unterbrochen. Auf ihrem Bummel durch die Stadt treffen sie eine Schulkameradin an. Sie wissen von ihr, daß ihr sehnlichster Weihnachtswunsch wäre, daß ihre Eltern sich doch wieder verständen. Eine Scheidung ist angedroht. Von dieser Begegnung an nimmt das Gespräch eine andere Wendung.

Gottesdienstverlauf:

Wortgottesdienst

1. *Begrüßung*

P: Darf ich euch fragen, habt ihr die Geschichte «Weihnachten wird abgeschafft» überlegt? Findet ihr in dieser Geschichte alles richtig? Zählt auf, was falsch gesehen wird.

Schülerantworten!

Sch: Zwei Arbeiter sind unzufrieden, weil bei ihnen sich Weihnachten nur ums Geld dreht.
Sie sehen nur den Geschäftsrummel und nicht den tiefern Sinn von Weihnachten.
Sie haben einem jungen Menschen die Weihnachtsfreude genommen.

2. *Spiel*

L: Ein kleines Spiel wird euch jetzt zeigen, daß man Weihnachten auch anders erwarten kann, als nur mit eigenen Wünschen.

Die Gruppe spielt «Vorweihnächtlicher Stadtbummel».

3. *Auswertung*

Schwerpunkt: Es gibt einseitige Weihnachtserwartungen. Die echte Weihnachtserwartung führt dazu, daß wir wie Jesus zu den Menschen kommen, daß wir uns freuen, wenn andere sich freuen, daß wir dann glücklich sind, wenn es andern gut geht.

4. *Evangelium* (Phil 3, 1f)

L: Im Brief an die Philipper steht der Grund unserer Freude. Jesus, der allen Menschen freundlich ist, ist unter uns erschienen. Dies ist der tiefste Sinn von Weihnachten.

P: «Ich wünsche euch immer Freude in dem Leben, das ihr mit dem Herrn führt. Ich wiederhole: Freut euch. Seid freundlich gegenüber allen. Der Herr wird bald kommen. Macht euch aus nichts Sorgen.»

Lied: «Macht hoch die Tür», aus KGB Nr. 26 / GL Nr. 107, zwei Strophen.

5. *Fürbitten*

P: Jesus, wir warten auf Weihnachten. Wir erwarten viel Freude von Weihnachten. Viele warten auf etwas, das sie nur finden, wenn andere ihnen helfen. Wir bitten dich:

- Mach, daß wir jetzt vor Weihnachten nicht nur an uns selber denken.

P: Herr, erbarme dich! Sch: Herr, erbarme dich!

- Hilf uns, daß wir sehen, was andere von uns erwarten.

P: Christus, erbarme dich! Sch: Christus, erbarme dich!

- Gib du an Weihnachten allen Menschen Freude, Frieden, ein wenig Glück.

P: Herr, erbarme dich! Sch: Herr, erbarme dich!

P: Jesus, wir wissen, daß wir dich brauchen, wenn wir miteinander glücklich leben wollen. Du kannst uns bringen, was wir im Tiefsten erwarten. Komm und bring uns Frieden und Freude. Amen.

Eucharistiefeier

1. *Gabenbereitung*
   Lied: «Lobt den Herrn», aus KGB, Nr. 468, drei Strophen
   oder
   Lied: «Gott, mein Herr», aus Bessire, Nr. 10.

2. *Präfation*

   P: Wir danken dir, Gott, daß du an uns denkst und uns gern hast. Wir sind im Advent, wir warten auf dich. Wir erwarten so viel. Wir erwarten auch Dinge, die nur du uns bringen kannst, du selber, oder auch Menschen, die an dich glauben. Wir danken dir, daß wir andern Freude bringen können. Wenn wir das tun, dann loben wir dich. Wir wollen dich preisen mit einem Lied.

3. *Sanctus*

   Lied: «Allein Gott in der Höh», aus KGB Nr. 753 / GL Nr. 457, 2 Strophen
   oder
   Lied: «Alleluja», aus Bessire, Nr. 15.

4. *Hochgebet*

   L: Gott kommt immer wieder zu uns. Jetzt, im Advent, denken wir besonders daran, daß Jesus ganz klein zu uns gekommen ist. Er will aber unsere tiefsten und größten Wünsche erfüllen.

   P: Hochgebet: Zweites Hochgebet für Eucharistiefeiern mit Kindern, aus «Vier Hochgebete», Seite 19.

Kommunion

1. *Vater unser*

P: Die schönsten und tiefsten Wünsche spricht Jesus im Vater unser aus. Er wendet sich an seinen Vater. Er will, daß wir ihn ebenfalls Vater nennen. Darum beten wir:

Sch: Vater unser...

2. *Friedensgruß*

Lied: «Von Frieden reden hilft nicht viel», aus Neue Kinderlieder, S. 111, Nr. 98
oder
Lied: «Christus, du Lamm Gottes», aus KGB Nr. 441 / GL Nr. 502.

3. *Einladung zur Kommunion*

P: Wir empfangen jetzt das heilige Brot und beten:

Sch: Herr, ich bin nicht würdig...

4. *Schluß*

Lied: «O Heiland reiß», aus KGB Nr. 26 / GL Nr. 105, zwei Strophen
oder
Lied: «Herr, wir warten auf dein Kommen», aus Neue Kinderlieder, S. 71, Nr. 56.

1. Fastensonntag / Lesejahr C

Thema:

Auf dem rechten Weg bleiben

Leitidee: Schüler unserer Stufe haben es noch nicht leicht, zu einem Auftrag zu stehen. Sie sind stark abhängig von der Einstellung der Umwelt und ihrem Druck. Ein einfaches Beispiel (Besuch bei der Großmutter) macht deutlich, wie schnell man einer Versuchung unterliegen kann. Wie schwer würde es, wenn es in unserer Entscheidungssituation um eine religiöse Frage ginge: Spiel oder Besuch einer Bußfeier? Das Beispiel Jesu möchte den Schüler verstärken, der eigentlich im Tiefsten schon weiß, daß er der guten Stimme folgen sollte, will er auf dem rechten Wege bleiben.

Material: Eventuell: Nachkonstruktion eines Wegweisers mit entsprechender Aufschrift. Er wird neben dem Altar oder dem Ambo aufgestellt.

Literatur:
- Vier Hochgebete bei besondern Anlässen (Studienausgabe), Benziger / Herder. Abkürzung: Vier Hochgebete.
- Kirchengesangbuch, katholisches Gesang- und Gebetbuch der Schweiz, 1966. Abkürzung: KGB.
- Gotteslob, kath. Gebet- und Gesangbuch. Kath. Bibelanstalt Stuttgart 1974. Abkürzung: GL.
- Heinz Janssen, miteinander, Lieder und Texte für den Gottesdienst, Butzon und Bercker Kevelaer / Bernward Verlag Hildesheim, 1970. Abkürzung: miteinander.
- Martin Gotthard Schneider, Sieben Leben möcht' ich haben, Neue Lieder für Schule, Gemeinde und Familie, Christophorus / Ernst Kaufmann, 1975. Abkürzung: Sieben Leben.
- Lisbeth Kätterer u. a., Vom Aufgang der Sonne, Kommissionsverlag Friedrich Reinhardt AG, Basel 1976. Abkürzung: Aufgang.

Wortgottesdienst

1. *Eingangslied*

   (Zu Eröffnungsvers Ps 91 [90], 15—16)
   Lied: «Wir leben nicht von Brot allein» aus «miteinander», S. 33, Nr. 45
   oder

Lied: «Lob sei dem Herrn», aus KGB Nr. 535 / GL Nr. 493
(die Schüler singen den Refrain: Kostet und seht, wie gütig der Herr, allen wird Heil, die ihm vertrauen).

2. *Begrüßung*

P: Liebe Buben und Mädchen,
Nehmt einmal an, ihr hättet eine Großmutter, die schon sehr alt ist. Könnte sich da nicht folgendes ereignen: Ihr habt einen freien Nachmittag. Die Mutter findet, ihr könntet einmal der Großmutter einen Besuch machen. Weil sie gehbehindert ist, kann sie die Wohnung nur selten verlassen. Sie fühlt sich oft so allein. Sie freut sich über jeden Besuch. Sie ist besonders glücklich, wenn ihre Großkinder sie besuchen. Dann vergißt sie ihr Alter und erzählt von ihrer Jugend.
Ihr sagt ja zum Vorschlag eurer Mutter. Der Weg zur Großmutter führt an einem großen Wegweiser vorbei. Da stehen verschiedene Straßenbezeichnungen darauf. Ein Arm weist auch zum Sportplatz (Schwimmbad). Ihr steht davor und wißt, daß auf dem Fußballplatz einige eurer Kameraden spielen. Wenn ihr zur Großmutter gehen wollt, dann müßt ihr vor dem Sportplatz rechts abzweigen.
Was für Gedanken könnte man sich beim Wegweiser machen?

Drei Schüler (vorbereitet) treten vor und spielen je eine Szene am Wegweiser. Die Gedanken könnten in folgende Richtung gehen:

1. Möglichkeit:
Es ist jetzt 3 Uhr. Ich gehe zuerst auf den Spielplatz und nachher kann ich immer noch zur Großmutter gehen.

2. Möglichkeit:
Heute ist mein freier Nachmittag. Ich muß mich erholen. Morgen haben wir es in der Schule sehr streng. Ich gehe nicht zur Großmutter. Ich kann sie ja die nächste Woche besuchen. Dann haben wir Ferien.

3. Möglichkeit:
Ich gehe rasch zur Großmutter und sage ihr: Heute ist ein Fußballmatch (oder anderes Spiel). Ich bin im Goal. Ohne mich verliert die Klasse das Spiel.

L: Niemand von uns weiß, wie sich die drei Schüler entschieden haben. Besuchen sie die Großmutter oder haben sie sich gedrückt? Eine innere Stimme hat sie versucht, bequem, selbstsüchtig, heuchlerisch zu handeln. Die Stimme bringt sie in Gefahr, dem Auftrag der Mutter untreu zu werden.

3. *Evangelium* (Lk 4, 1—13)

P: Der Bericht aus der Bibel zeigt uns, wie Jesus versucht wird. Er hat der Versuchung widerstanden. Er hat nicht auf den Bösen gehört und blieb dem Auftrag des Vaters treu. Er hielt sich an sein Wort.

«Erfüllt vom Heiligen Geist verließ Jesus die Jordangegend. Darauf wurde er vom Geist vierzig Tage lang in der Wüste umhergetrieben und vom Teufel in Versuchung geführt. Die ganze Zeit über aß er nichts; am Ende aber hatte er Hunger. Da sagte der Teufel zu ihm: Wenn du Gottes Sohn bist, so befiehl diesen Steinen, zu Brot zu werden. Jesus antwortete ihm: Es steht geschrieben: Nicht nur von Brot lebt der Mensch. Da führte ihn der Teufel auf einen Berg hinauf und zeigte ihm in einem einzigen Augenblick alle Reiche der Erde. Und er sagte zu ihm: All diese Macht und die ganze Herrlichkeit dieser Reiche will ich dir geben, denn sie sind mir überlassen und ich gebe sie, wenn ich will. Wenn du mich anbetest, soll dir alles gehören. Jesus antwortete ihm: Es steht geschrieben, du sollst den Herrn, deinen Gott, anbeten und ihm allein dienen!
Darauf führte ihn der Teufel nach Jerusalem, stellte ihn oben auf den Tempel und sagte zu ihm: Wenn du der Sohn Gottes bist, so stürz dich von hier hinab; denn es steht geschrieben: Seine Engel

bietet er auf für dich, damit sie dich behüten, und auf Händen werden sie dich tragen, damit dein Fuß nicht an einen Stein stößt. Da antwortete ihm Jesus: Die Schrift sagt: Du sollst den Herrn, deinen Gott, nicht versuchen. Und als der Teufel mit keinem Versuch, Jesus zu verführen, zum Ziel kam, ließ er für eine gewisse Zeit von ihm ab.

4. *Impulspredigt*

L: «Jesus wollte mit sich ins Reine kommen. Er wollte darüber nachdenken, wie sein Leben werden soll. Er hörte in sich die Stimme seines Vaters, die ihm sagte: Du mußt deinen Weg gehen... Du mußt für die Menschen da sein... Du mußt sie auch lieben, wenn sie dich hassen, verleumden, verhöhnen... töten. Darum ging er in die Wüste. Dort wird man nicht gestört. Dort kann man stille werden.
Doch da tritt der Versucher an ihn heran und will ihn von seinem Plan abhalten.

Mach doch den Stein zu Brot, das ist doch der einfachste Weg. Damit kannst du andern Eindruck machen. Warum auch soviel Leid auf dich nehmen? Jesus aber weist die Versuchung zurück und sagt: Ich bleibe meinem Auftrag treu.
Der Versucher gibt nicht so schnell auf. Er bringt einen neuen Einwand. Spring doch vom Tempel herab. Geh doch den bequemen Weg. Wie werden die Leute staunen, wenn dir nichts passiert. Sie werden dir alle nachlaufen. Du hast sie gewonnen, ohne einen Finger zu rühren. Warum sich auch mehr anstrengen, als unbedingt nötig? Jesus aber weist die Versuchung ab und sagt: Es gibt keinen Einsatz für Menschen ohne Mühe. Ich bleibe meinem Auftrag treu.

Noch ein letztes Mal versucht es der Böse. Du mußt ja deinen Auftrag nicht ganz aufgeben. Ein kleiner Kompromiß genügt. Warum willst du auf alles Schöne verzichten, das dir die Welt anbietet? Ist es uns nicht gegeben, damit wir es genießen?

Gott hat uns das alles doch nicht nur gegeben, damit wir darauf verzichten. Warum denkst du überhaupt immer an Gott? Das hat doch noch seine Zeit. Höre auf mich... es könnte dich sonst einmal reuen.
Jesus aber weist auch diese Versuchung zurück. Wer nicht das tut, was Gott will, der kommt auf eine schiefe Bahn. Nein — ich bleibe meinem Auftrag treu.

L: Drei Schüler haben ihre Gedanken geäußert. Sie standen vor einem Wegweiser und mußten sich entscheiden. Plausch oder Besuch bei der Großmutter. Wir möchten die drei Szenen noch einmal spielen. Wir wissen nun, wie Jesus in seiner Situation gehandelt hat. Wie müßten unsere «Spiele» zu Ende gehen?

(Der Leiter der Liturgie gibt drei Kindern die Möglichkeit, das Spiel «Gedanken am Wegweiser» neu darzubieten, diesmal im Sinne Jesu.)

5. *Gebet*

P: Herr, es ist leichter, selbstsüchtig und bequem zu handeln. Dein Sohn hat den schwierigen Weg gewählt. Er hat der Versuchung widerstanden. Wir bitten dich: Gib uns Kraft, damit wir spüren, wenn wir den Weg des geringsten Widerstandes gehen möchten. Hilf uns, dem Auftrag, den du jedem von uns gegeben hast, treu zu bleiben. So werden wir deinem Sohne immer ähnlicher.

6. *Glaubensbekenntnis*

Lied: «Wir glauben all an einen Gott» aus KGB, Nr. 445
oder
Lied: «Manchmal hab' ich Angst im Dunkeln» aus: «Aufgang», S. 104.

Eucharistiefeier

1. *Gabenbereitung*

Der Priester bereitet die Gaben. Die Schüler sprechen noch einmal die Kernsätze aus dem Evangelium. Dazwischen Stille.

L: In der Versuchung blieb Jesus standhaft. Er fand jedesmal die rechte Antwort. Wir wollen diese Worte noch einmal hören:

1. Sch: Nicht nur vom Brot lebt der Mensch!
Stille!

2. Sch: Du sollst den Herrn, deinen Gott, anbeten und ihm allein dienen!
Stille!

3. Sch: Du sollst den Herrn, deinen Gott, nicht versuchen!
Stille!

2. *Gabengebet*

P: Herr, unser Gott, wir bringen Brot und Wein für das heilige Opfer, das wir zum Beginn dieser Fastenzeit feiern. Nimm mit diesen Gaben uns selbst an. Wir möchten, wie dein Sohn, deinem Worte mehr vertrauen als der Stimme des Versuchers. Laß uns den Weg mit Jesus gehen.

3. *Hochgebet*

L: Jesus ging seinen Weg bis zum Tod am Kreuz. Er hat einmal gesagt: Niemand hat eine größere Liebe, als wer sein Leben hingibt für seine Freunde. Wir wollen Gott danken, daß er uns einen so großen Freund geschenkt hat.

P: Drittes Hochgebet für Eucharistiefeiern mit Kindern aus: Vier Hochgebete (Einschub 1: an allen Tagen; Einschub 2: Zum Thema Buße, Umkehr, Versöhnung; Einschub 3: an allen Tagen).

Kommunion

1. *Vater unser*

L: Im Vater unser beten wir: Gib uns heute unser tägliches Brot. Brot kann auch heißen:
- Jedes gute Wort
- Jedes gute Wort, das aus dem Munde Gottes kommt
- Jedes Wort, das uns anspornt, unsere Aufgabe so zu erfüllen, wie Jesus es getan hat.

P: Wir wollen beten:

Sch: Vater unser...

Danach:

Lied: «Was sollen wir dir wünschen» aus: Sieben Leben, S. 118, Nr. 76.

2. *Einladung zur Kommunion*

P: Und als der Teufel mit keinem Versuch, Jesus zu versuchen, zum Ziel kam, ließ er für eine gewisse Zeit von ihm ab. In der hl. Kommunion wird Jesus mit uns sein. Er wird uns behüten. In seiner Kraft hoffen wir, dem Bösen zu widerstehen.

P: Seht das Lamm Gottes, das hinwegnimmt die Sünden der Welt.

Sch: Herr, ich bin nicht würdig...

3. *Gebet nach der Kommunion*

P: Gütiger Gott, im Evangelium haben wir gehört, daß der Mensch nicht allein vom Brote lebt, sondern von jedem Wort, das uns auf den rechten Weg weist. Wir bitten dich, öffne unsere Ohren, daß wir deine Stimme immer besser hören. Im hl. Mahl haben wir erfahren, daß Jesus mit uns ist. Dein Sohn bleibe mit uns auf dem Weg, damit wir einst zu dir gelangen.

4. *Schlußlied*

Lied: «Hilf, Herr meines Lebens» aus: miteinander, S. 31, Nr. 42

oder

Lied: «Gib, Herr, uns deinen Segen» aus: KGB Nr., 475, 1. und 2. Str.

2. Fastensonntag / Lesejahr C

Thema:

Mehr als ein Mensch

Leitidee: Es ist nicht leicht, auszusprechen, wo die Verklärung Jesu anzusiedeln ist. Das eine ist klar: Jesus ist verwandelt.
Diese Erfahrung bezeugen Jünger, denen er sich zu sehen gab nach seiner Auferweckung. Sie läßt sich in den Satz fassen: Gott hat seinen Sohn auferweckt und erhöht. Die Stimme aus der Wolke redet von «einem auserwählten Sohn». Die Katechese für 3.–6. Klasse muß heute sehr die menschliche Dimension Jesu aufzeigen, umsomehr soll die Liturgie die göttliche aufscheinen lassen. Jesu Person ist nicht ausgelotet, wenn Schüler seine irdische geschichtliche Persönlichkeit erkennen. Er ist mehr als Nur-Mensch. Die Erwachsenenliturgie des 2. Fastensonntags lebt ganz von diesem Gedanken. Unser Modell benützt die Lesung als Verstärkung der Besinnung. Das Evangelium ist Mittelpunkt der ganzen Liturgiefeier. Von ihm her lebt sie.

Material: Drei große Transparente, verstärkt mit Holzlatten. Thema der Bilder: Mose, Elija und Jesus. Sie werden von Schülern gemalt. Vielleicht hilft der Lehrer mit.

Literatur:

- Hochgebete Synode 72 für die Kirchen der Schweiz, Liturgisches Institut Zürich, 1974.
  Abkürzung: Synode 72.
- Kirchengesangbuch, katholisches Gesang- und Gebetbuch der Schweiz, 1966.
  Abkürzung: KGB.
- Gotteslob, kath. Gebet- und Gesangbuch. Kath. Bibelanstalt Stuttgart 1974.
  Abkürzung: GL.
- A. Bessire, 68 Negro Spirituals, Zürich.
  Abkürzung: Bessire.
- Paul Burkhard, Kindermesse, Zell 1968.
  Abkürzung: Kindermesse.
- Hans Hilger, Jesus-Erzählungen, Herder-Verlag, 1973.
  Abkürzung: Hans Hilger.
- Eva-Maria Kremer / Hans Zurfluh, Jesus hat viele Gesichter, Rex-Verlag Luzern/München 1975.
  Abkürzung: Jesus hat viele Gesichter.

Wortgottesdienst

1. *Begrüßung*

P: In einem Lied des Alten Testamentes (Ps 27/26, 8—9) lesen wir: Mein Herz denkt an dein Wort: «Sucht mein Angesicht! Dein Angesicht, Herr, will ich suchen. Verbirg nicht dein Gesicht vor mir.» Diese Worte wollen uns heute, am 2. Fastensonntag, helfen, uns zu besinnen, das Wort Gottes zu hören und im heiligen Mahl zu erfahren. Wir bezeichnen uns mit dem Kreuzzeichen.

2. *Bußakt*

L: Mein Herz denkt an dein Wort: Sucht mein Angesicht! Das könnte heißen: Wir sollen danach streben, immer besser zu wissen, was Gott mit unserem Leben will.

1. Sch: Wie oft leben wir in den Tag hinein, überlegen tausend Dinge, vergessen aber, an Gott zu denken.

P: Herr, erbarme dich! Alle: Herr, erbarme dich!

L: Mein Herz denkt an dein Wort: Sucht mein Angesicht! Das kann auch heißen: Wir sollen Gott immer besser kennen lernen, damit wir ihn immer mehr lieben.

2. Sch: Wie oft sind wir im Religionsunterricht, im Gottesdienst zerstreut und überhören den Ruf Gottes an uns.

P: Christus, erbarme dich! Alle: Christus, erbarme dich!

L: Mein Herz denkt an dein Wort: Sucht mein Angesicht! Das will vielleicht heißen: Wir sollten hin und wieder stille werden und mit «Gott sprechen».

3. Sch: Wie oft gehen wir an einer Kirche vorbei. Wir treten nicht ein, um eine Weile bei Gott zu verweilen. Andere Gedanken sind uns viel wichtiger.

P: Herr, erbarme dich! Alle: Herr, erbarme dich!

P: Es erbarme sich...

Lied: «Hör uns, o Schöpfer», aus KGB, Nr. 132, 1.—3. Strophe
oder
Lied: «Mein Herr», aus Bessire, Nr. 8.

3. *Lesung*

L: Aus dem Brief an die Christen von Philippi entnehmen wir, daß sie große Mühe hatten, dem Wort Gottes zu folgen. Darum muß der Apostel deutlich sagen, daß für Christen Jesus mehr zu bedeuten hat als Essen und Trinken, als Leistung und Erfolg.

«Ahmt mich nach, Brüder, und achtet auf jene, die nach dem Vorbild leben, das ihr an uns habt! Denn viele, von denen ich oft zu euch gesprochen habe, doch jetzt unter Tränen spreche, leben als Feinde des Kreuzes Christi. Ihr Ende ist das Verderben, ihr Gott der Bauch: Ihr Ruhm besteht in ihrer Schande; Irdisches haben sie im Sinn. Unsere Heimat aber ist im Himmel. Von dort her erwarten wir auch den Retter, den Herrn Jesus Christus.» (Phil 3, 17—20)

Orgelspiel oder Schüler spielen ein kurzes Musikstück (Blockflöte, Orff'sche Instrumente oder andere Instrumente). Während des Spiels tragen drei Schüler drei große Transparente in den Altarbereich. Auf ihnen sind drei Gesichter gemalt (Mose, Elija, der «verklärte» Jesus). An einem geeigneten Standort bleiben die Schüler neben den Transparenten stehen. Das «Jesus-Bild» kommt in die Mitte zu stehen, vielleicht erhöht, auf jeden Fall gut sichtbar. Der Leiter der Liturgie leitet zur Erzählung über:

L: Dein Angesicht, Herr, will ich sehen. Verbirg nicht dein Gesicht vor mir. Zu diesem Worte erzähle ich euch nun eine Geschichte aus dem Neuen Testament. Nicht alles, was Jesus seinen Jüngern gesagt hat, war ihnen leicht verständlich. Immer wieder fragten sie sich: Wer ist doch dieser? Es war für sie vor allem schwer zu verstehen, daß Jesus immer wieder von seinem nahen Tode sprach. Er war doch so gut zu den Menschen.

4. *Evangelium* (nach Lk 9, 28b—36)

P: Eines Tages stieg Jesus mit seinen drei Lieblingsjüngern Petrus, Johannes und Jakobus auf einen hohen Berg, um dort zu beten.

«Es war Abend, als sie ankamen. Die Jünger waren übermüdet, aber sie hielten sich wach.

Während Jesus betete, veränderte sich seine ganze Gestalt; auch sein Gewand wurde leuchtend weiß. Und plötzlich waren zwei Männer bei ihm, es waren Mose und Elija. Beide erschienen im glänzenden Licht. Die beiden Männer redeten mit Jesus. Sie sprachen mit ihm über das Ende seines Lebens, das sich nach dem Willen des Vaters in Jerusalem erfüllen sollte.

Die Jünger sahen Jesus im Lichtglanz und die zwei Propheten bei ihm. Und sie hörten, worüber sie sprachen. Die beiden wollten von Jesus scheiden. Das tat den Jüngern leid. Petrus wollte sie nicht fortlassen. Er sprach zu Jesus: ‚Meister, es ist gut, daß wir hier sind. Laß uns auch beisammen bleiben. Wir wollen aus Zweigen und Laub drei Hütten bauen: Für dich eine, für Mose eine und für Elija eine.'

Er war so hingerissen vom Augenblick, daß er nicht wußte, was er sagte: Daß sie nämlich an der Herrlichkeit des Menschensohnes erst im Reiche Gottes teilnehmen sollen.

Während Petrus das sagte, wurde Gott in der «Wolke» gegenwärtig. Die beiden Männer, Mose und Elija, gerieten in die Wolke hinein. Sie wurden von Gott wieder aufgenommen. Da fürchteten sich die drei Jünger, mit den beiden auch Jesus zu verlieren.

Aber aus der Wolke kam eine Stimme, die sprach: ‚Dieser ist mein Sohn, den ich für mein Werk auf Erden erwählt habe. Auf ihn sollt ihr hören.'

Und als die Stimme gesprochen hatte, waren sie wieder mit Jesus allein. Sie sahen ihn nicht mehr in der Herrlichkeit, in der er einst wiederkommen wird, sondern in seiner gewohnten Gestalt.
Die Jünger waren von dem, was sie erlebt hatten, so überwältigt, daß sie in jenen Tagen nicht imstande waren, darüber zu reden. Aber wie sollten sie auch davon sprechen? Zu groß war der Unterschied zwischen der Herrlichkeit, in der sie Jesus gesehen hatten, und dem Todesschicksal, das ihnen von Mose und Elija vorausgesagt worden war.» (Hans Hilger, S. 56)

5. *Verarbeitung durch ein Interviewspiel* (= Predigt)

Interviewer (= Schüler):
Diese Geschichte ist aber schwer zu verstehen. Ich möchte wissen, was sie zu bedeuten hat. (Er wendet sich zum Transparent, auf dem das Gesicht des Mose gemalt ist.) Mose, warum bist du hier? Was hat das für einen tiefern Sinn?

Mose (= Schüler, der sein Transparent hält):
Für das heilige Volk war ich der große Lehrer. Ich habe ihm die Gebote Gottes erklärt. Viele glauben, daß ich wiederkommen werde, wenn der Gesandte Gottes auf Erden erscheint. Jetzt bin ich da. Damit will ich sagen, Jesus ist der, auf den die Menschen so lange gewartet haben. Er ist der größte Lehrer. Er ist im Auftrage Gottes gekommen. Auf ihn sollt ihr hören.

Interviewer (Schüler wendet sich zum Transparent, welches Elija darstellt):
Und du, Elija, warum bist du hier? Was soll deine Gegenwart bedeuten?

Elija (= Schüler, der beim Bild des Elija steht):
Die Bibel erzählt von mir, daß ich in der Kraft Gottes vielen Menschen geholfen habe. Meine Geschichte endet damit, daß ich in

einem feurigen Wagen von der Erde genommen wurde. Das will sagen: Ich bin auf die Seite Gottes gekommen. Der Tod ist nicht das Letzte, sondern das Leben. Wenn ich jetzt neben Jesus stehe, dann will ich sagen: Noch nie hat ein Mensch auf der Erde gelebt, der so von Gottes Geist erfüllt war. Jesus wird zwar leiden müssen und sterben, doch er wird in Kraft Gottes für alle Menschen weiterleben. Jesus ist mehr als ein Mensch, er ist Gottes Sohn.

Interviewer (= Schüler, er spricht das Transparent in der Mitte an):
Herr, Jesus, darf ich auch dir eine Frage stellen. Was bedeutet denn der Lichtglanz, die Wolke?

Jesus (Schüler. Er hält das «Jesus-Bild»):
Immer, wenn in der Bibel von der Wolke die Rede ist, dann hat das mit dem Vater, mit Gott zu tun. Er ist das Licht, das alles erleuchtet. Mein Vater wirkt im Verborgenen. Er hat mich gesandt, die frohe Botschaft zu verkünden. Ich bin sein Sohn. Meine Botschaft ist die Botschaft meines Vaters. Ich handle in der Kraft Gottes. Mose und Elija haben gut über mich geredet. Leid und Tod müssen zwar kommen. In der Kraft Gottes werde ich den Tod überwinden und allzeit bei euch bleiben.

L: Wenn wir alles richtig verstanden haben, dann wissen wir jetzt: Jesus ist mehr als ein Mensch, er ist Gottes Sohn. An ihn wollen wir glauben. Darum können wir zu ihm beten.

P: Jesus, zeige uns immer mehr, wer du bist! Verbirg nicht dein Gesicht vor mir! Jesus lehre uns, immer besser den Weg zu deinem Vater zu finden!
Jesus, hilf uns, immer tiefer an dich zu glauben!
Denn du bist immer unter uns, du bist auch bei uns, wenn wir dich nicht sehen.

Eucharistiefeier

1. *Bereitung der Gaben*

Lied: «Ihr Christen, hoch erfreuet euch» aus KGB Nr. 260 / GL Nr. 229
(Anknüpfung an die Thematik des Wortgottesdienstes)
oder
Lied: «Wir weihn der Erde Gaben» aus KGB Nr. 451 / GL Nr. 480
(Thema Gabenbereitung)
oder
Lied: «Mein Gott, welche Freude» aus Bessire, Nr. 7
(Weiterführung der Thematik des Wortgottesdienstes).

2. *Gabengebet*

P: Gott, du wirkst im Verborgenen. In den Gaben von Brot und Wein wird Jesus gegenwärtig. Seine Kraft wird in uns wirksam. Öffne unsere Augen, damit wir hinter seinem Reden und Tun dich erkennen, der du uns liebst und uns von Schuld befreien kannst.

3. *Hochgebet*

L: Jesus sagt: Wo zwei oder drei in meinem Namen zusammenkommen, da bin ich mitten unter ihnen. In unserem Gottesdienst ist Jesus verborgen unter uns. Wir wollen danken, daß Jesus bei uns ist und immer mit uns auf dem Weg ist.

P: Hochgebet aus: Synode 72, II.

4. *Sanctus*

Lied: «Heilig, heilig bist du, o mein Herr» aus Bessire, Nr. 38
oder
Lied: «Es singen die Engel» aus KGB, Nr. 480.

Kommunion

1. *Vater unser*

L: Wenn wir das Vater unser miteinander sprechen, dann beten wir darum, daß Jesu Worte für uns immer bedeutsamer werden. Dann lernen wir auf Jesus hören, wie es die Stimme aus der Wolke gefordert hat.

P: Wir wollen für einander beten.

Alle: Vater unser...

2. *Einladung zur Kommunion*

Lied: «Heiland, jetzt, o Freude groß» aus Kindermesse (Gastmahl) Nr. 10 oder

Lied: «Wunderbar verborgner Gott» aus KGB, Nr. 481 (drei Strophen).

3. *Geschichte zur Sendung*

L: Wer glaubt, sieht hinter Jesus mehr. Er sieht Gott. Ein Christ, der glaubt, legt Zeugnis ab für Gott. Aus ihm heraus leuchtet Gott. Durch die hl. Kommunion haben wir die Kraft empfangen, mehr zu tun, als ein Mensch allein vermag.

Die Geschichte, die ich euch jetzt erzähle, soll uns Ansporn sein, für unsere Mitmenschen mehr zu werden:
Geschichte «Mutter, jetzt sehe ich Gott» aus: «Jesus hat viele Gesichter», Seite 74—80.
Inhalt: Raghin, das todkranke Mädchen, liegt auf einer Straße in Kalkutta. Schwestern, die den Kranken dienen, finden es. Raghin erfährt durch sie die Liebe Gottes.

4. *Segen*

L: Gehe hin und tue desgleichen, würde Jesus uns nach einer solchen Geschichte zurufen. Versuchen wir es doch. Der Priester gibt uns dazu den Segen.

P: Es segne euch...

3. Fastensonntag / Lesejahr C

Thema:
Die Gnadenfrist

Leitidee: Mitten in der Fastenzeit ist es gut, wenn der Schüler zwei Dinge erfährt:
1) Es ist nie zu spät, falsche Wege zu verlassen und sich auf den Weg zu Gott zu begeben.
2) Der Mensch darf aber dabei nicht untätig sein – er muß den Weg unter die Füße nehmen.

Diese Eucharistiefeier lebt stark von den Aktivitäten der Schüler. Die stummen Szenen zu Beginn des Gottesdienstes müssen ernst genommen werden und gut eingeübt sein. Nur so werden sie zu einer echten Verdeutlichung des Gleichnisses vom unfruchtbaren Feigenbaum.

Material: Höcker, ohne Rücklehne. Plakat mit Aufschrift «Abfall».

Literatur:
- Vier Hochgebete bei besondern Anlässen (Studienausgabe), Benziger / Herder 1975.
  Abkürzung: Vier Hochgebete.
- Kirchengesangbuch, katholisches Gesang- und Gebetbuch der Schweiz, 1966.
  Abkürzung: KGB.
- A. Bessire, 68 Negro Spirituals, Zürich.
  Abkürzung: Bessire.
- Heinz Janssen, miteinander, Lieder und Texte für den Gottesdienst, Butzon und Bercker Kevelaer / Bernward Verlag Hildesheim, 1970.
  Abkürzung: miteinander.
- Eugen Roth, Geschichten für Kinder, Hirschengrabenverlag, Frankfurt 1965.

Wortgottesdienst

1. *Begrüßung*

P: Liebe Buben und Mädchen,
Heute hat eine Gruppe (Schulklasse, Jugendgruppe) etwas ganz Besonderes für euch vorbereitet. Während die Orgel spielt, wird sie euch eine Pantomime zeigen. Eure Aufgabe ist es, herauszufinden, was sie mit ihrem Spiel wohl ausdrücken will. Die beiden Szenen handeln von einem Baum.

Zwei Gruppen spielen folgende stummen Szenen:

1. Szene
Auf einem Höcker (Stuhl ohne Lehne) sitzen drei Schüler (Rücken gegen Rücken) und strecken die Arme aus und spreizen die Finger. Sie stellen einen Baum dar (Feigenbaum). Eine Gruppe von sechs Schülern bewegt sich langsam im Kreis um den «Baum» herum. Von Zeit zu Zeit halten sie an und betasten Arme und Finger der drei Schüler auf dem Höcker. Sie wenden sich danach vom «Baum» ab und schütteln gut sichtbar ihren Kopf. Diese Aktion wird dreimal wiederholt. Die Arme des «Baumes» fallen immer tiefer. Nach dem dritten Mal wenden sich die sechs Schüler gegen den «Baum» und zeigen mit ausgestreckten Armen auf ihn. Dann reihen sie sich in einem Glied vor dem «Baum» auf, drei Schüler links, drei rechts daneben und mimen «umhauen mit einer Axt». Ein Schüler geht vor dem aufgereihten Glied durch und winkt deutlich mit der Hand ab. Er ist nicht einverstanden, daß der «Baum» umgehauen wird. Die sechs Schüler bewegen sich wieder um den «Baum» und machen Bewegungen, die andeuten: den Boden aufgraben und düngen. Die Arme des «Baumes» fallen herunter, die Köpfe der drei Schüler senken sich. Noch einmal gehen die sechs Schüler im Kreis um den «Baum». Dann bleiben sie stehen, der Kreis öffnet sich ein wenig nach vorne. Nun machen die sechs Schüler Bewegungen, die «umhauen» andeuten. Je zwei Schüler führen einen Teil des «Baumes» weg in eine Ecke. Dort sitzen die drei auf dem Boden. Über ihnen, vielleicht an die Wand geheftet, ist in großen Buchstaben geschrieben «Abfall».

2. Szene
Gleiche Szene bis und mit: Die sechs Schüler bewegen sich wieder um den «Baum» und machen Bewegungen, die andeuten: den Boden aufgraben und düngen.
Dann folgt aber ein anderer Schluß:
Während die sechs Schüler im Kreis «den Boden aufgraben» und «düngen», geht zuerst ein Arm eines der Schüler, die den Baum mimen, hoch,

dann ein zweiter, ein dritter, bis alle Arme hoch sind. Zuletzt spreizen die Schüler auch noch ihre Finger. So kommt der «Baum» wieder zur vollen Blüte, er trägt Frucht. Die sechs Schüler im Kreis hören auf zu «graben» und zu «düngen». Sie werfen die Arme hoch und tanzen im Kreis um den «Baum».

Nach einer Weile endet das Orgelspiel.

2. *Gespräch*

Fragen an alle Schüler:

L: Habt ihr in den zwei stummen Szenen einen Unterschied entdeckt? Welchen?

Schülerantworten abwarten.

L: (faßt zusammen):
Im ersten Spiel wird der Baum zum Abfall geworfen. Alle Arbeit war umsonst. Der Baum hat keine Frucht gebracht. Im zweiten Spiel beginnt der Baum zu blühen und Früchte zu tragen. Die Geduld hat sich gelohnt.

3. *Evangelium* (Lk 13, 1—9)

P: Der Evangelist Lukas hat einen Bericht aufgeschrieben: Jesus erzählt eine Geschichte von einem Baum. Wir hören zu:

1. Sch: Es kamen einige Leute zu Jesus und berichteten ihm von den Galiläern, die Pilatus niedermetzeln ließ, als sie ihre Opfertiere schlachteten. Da sagte er zu ihnen: Meint ihr, daß nur diese Galiläer größere Sünder waren, weil das mit ihnen geschehen ist — alle andern Galiläer aber nicht. Nein — ich sage euch: Wenn ihr euch nicht bekehrt, werdet ihr alle genauso umkommen. Oder jene achtzehn, die beim Einsturz des Turmes Schiloach erschlagen wurden, meint ihr, daß nur sie Schuld auf sich geladen hat-

ten, alle andern Einwohner von Jerusalem aber nicht? Nein, ich sage euch: Wenn ihr euch nicht bekehrt, werdet ihr alle genauso umkommen. Und er erzählte ihnen dieses Gleichnis:

2. Sch: Ein Mann hatte einen Feigenbaum in seinem Weinberg und er kam und suchte Früchte an ihm, fand aber keine. Da sagte er zu seinem Weingärtner: Jetzt komme ich schon drei Jahre und suche Früchte an diesem Feigenbaum und finde keine. Hau ihn um! Wozu saugt er weiter den Boden aus! Der Weingärtner erwiderte: Herr, laß ihn dieses Jahr noch stehen; ich will den Boden um ihn herum aufgraben und düngen. Vielleicht wird er doch noch Frucht bringen, wenn nicht, magst du ihn umhauen lassen.

P: Ihr habt das Gleichnis vom «unfruchtbaren Baum» gehört. Was meint ihr, welches stumme Spiel paßt wohl besser zu dem, was Jesus gesagt hat?

Schülerantworten abwarten!

Alternative:
Wenn die Zahl der Gottesdienstteilnehmer es verunmöglicht, die Fragen an alle Schüler zu richten, dann können sie auch den Spielgruppen gestellt werden. Sie antworten an Stelle der andern.

P: (Er faßt zusammen):
Ihr habt gut überlegt. Ich würde sagen: Beide Szenen passen zu dem, was Jesus sagen möchte. Jesus will sagen: Gott hat zwar lange Geduld mit uns. Er kann warten, bis wir etwas in unserem Leben verbessern. Er gibt uns immer wieder eine Gnadenfrist. Gott will nämlich nicht, daß es uns schlecht geht, sondern, daß wir glücklich werden...
Dennoch ist eine Mahnung nicht zu überhören. Die Geduld hat einmal ein Ende. Wer sich nie Mühe gibt, seine Fehler zu bekämpfen, umzukehren von einem falschen Weg, der muß die Folgen selber tragen. Er will ja nicht mit Gott leben, er genießt nur sein Leben.

4. *Bußakt*

Lied: «Mein Herr, mein Gott» aus Bessire, Nr. 8
oder
Lied: «Aus Herzensgrund ruf' ich zu dir» aus KGB, Nr. 137.

P: Nachlaß, Vergebung und Verzeihung unserer Sünden gewähre uns der allmächtige und barmherzige Herr.

Eucharistiefeier

1. *Opfergang*

L: Wer immer wieder von vorne beginnt, wer nie aufgibt, wer umkehrt, der trägt Frucht. Gott hat zwar viel Geduld mit uns. Er will aber, daß wir mittun. In den Gaben von Brot und Wein möchten wir jetzt andeuten, daß wir viel guten Willen haben, die Worte Jesu zu beherzigen.

Jeder Schüler hat ein kleines Brötchen mit in den Gottesdienst genommen (oder eine Schokolade). In Form einer Prozession tragen sie ihre Gaben zum Altar und legen sie in einen Korb. Der Leiter der Liturgie legt einen großen Kessel Konfitüre dazu. Nach dem Gottesdienst wird der Korb und der Kessel in ein Kinderheim (Altersheim) getragen. Die Beschenkten werden sich freuen.

2. *Gabengebet*

P: Barmherziger Gott, nimm unsere Gabe als Zeichen unseres guten Willens an. Gib uns die Kraft, die Gnadenfrist nicht zu verpassen und jede Gelegenheit zur Umkehr zu benützen. Laß uns auch allen Brüdern vergeben, die an uns schuldig geworden sind. Darum bitten wir durch Christus, unsern Herrn.

3. *Hochgebet*

L: Gott läßt uns nie im Stich. Weil er uns liebt, gibt er uns immer wieder eine Chance, seinen Willen besser zu erkennen und auf den rechten Weg zurückzukehren, wenn wir von ihm abgewichen sind. Wir wollen dafür danken.

P: Hochgebet aus «Vier Hochgebete», Votivhochgebet Versöhnung.

4. *Sanctus*

Lied: «Lobt froh den Herrn» aus KGB, Nr. 765.

Kommunion

1. *Vater unser*

P: Ein guter Baum trägt gute Früchte. Ein schlechter Baum trägt schlechte Früchte. Jesus fordert uns auf, ein guter Baum zu sein. Wir beten gemeinsam das Gebet, das uns Jesus gelehrt hat und hoffen, daß wir immer mehr gute Früchte tragen.

Sch: Vater unser... sondern erlöse uns von dem Bösen.

1. Sch: Erlöse uns von der Sorglosigkeit, damit wir nicht nur in den Tag hineinleben, ohne an dich zu denken.

2. Sch: Erlöse uns von der Bequemlichkeit, damit wir nicht so bald mit uns zufrieden sind.

3. Sch: Erlöse uns von der Überheblichkeit, damit wir nicht glauben, wir würden nie schuldig vor dir.

4. Sch: Erlöse uns von der Unfruchtbarkeit, damit unsere Kameraden von unserer Liebe zu spüren bekommen.

5. Sch: Erlöse uns vor Kleinmut, damit wir die Kraft haben, nach dem Besseren zu streben.

Alle: Denn dein ist das Reich und die Kraft und die Herrlichkeit in Ewigkeit.

2. *Kommunionlied*

Lied: «Mein Herr und mein Gott» aus KGB, Nr. 786
oder
Lied: «O Herr, mach mich zu einem Werkzeug deines Friedens» aus «miteinander», S. 64, Nr. 85.

3. *Schlußgebet*

Die Gruppe 2 spielt nochmals ihr stummes Spiel (der Baum, der Früchte trägt).

P: Herr und Gott,
Wir danken dir, daß du so viel Geduld mit uns Menschen hast. Du gibst nur auf, wenn wir selber nicht mit dir leben wollen. Jetzt, da Jesus im Brot des Himmels unter uns weilt, bitten wir dich: Laß uns ein fruchtbarer Baum sein. Denn dann wird durch uns sichtbar, was du allen Menschen sagen willst: Wer den Nächsten liebt, liebt Gott.

4. *Gedanken zur Woche*

L: Zu fällen einen schönen Baum
braucht's eine halbe Stunde kaum.
Zu wachsen, bis man ihn bewundert,
braucht er, bedenk es, ein Jahrhundert. (Eugen Roth)